팔로워 없이도 수익을 만드는

숏폼 마케팅
with 캡컷

팔로워 없이도 수익을 만드는
숏폼 마케팅 with 캡컷

초판 1쇄 인쇄 2025년 7월 10일
초판 1쇄 발행 2025년 7월 15일

지은이 | 김혜림
펴낸이 | 김승기, 김민수
펴낸곳 | ㈜생능출판사 / **주소** | 경기도 파주시 광인사길 143
브랜드 | 생능북스
출판사 등록일 | 2005년 1월 21일 / **신고번호** | 제406-2005-000002호
대표전화 | (031) 955-0761 / **팩스** | (031) 955-0768
홈페이지 | www.booksr.co.kr

책임편집 | 최동진
편집 | 신성민, 이종무
교정·교열 | 안종군
본문·표지디자인 | 상：想 company
영업 | 최복락, 심수경, 차종필, 송성환, 최태웅, 김민정
마케팅 | 백수정, 명하나

ISBN 979-11-94630-12-8 (13000)
값 18,000원

팔로워 없이도 수익을 만드는

숏폼
마케팅
with 캡컷

김혜림 지음

생능북스

지금 당장 숏폼하세요

제가 온라인에 입성한 지 올해로 6년 차가 됐습니다. 유튜브로 시작해서 블로그, 인스타그램, 틱톡, 스레드 등 돈이 된다고 하는 건 무엇이든 도전해 봤습니다. 하지만 SNS를 하는 것만으로는 돈이 되지 않았습니다. 온라인에서 성공한 사람들을 볼 때마다 제 자신이 너무 초라해 보였습니다.

그러다 만난 숏폼이 '동아줄'이 됐습니다. 유튜브에 영상을 올렸을 때는 간신히 1,000회가 넘었는데, 쇼츠가 10,000회 이상 나오는 걸 보고 너무 놀라웠습니다. 주변의 크리에이터들도 저와 똑같은 경험을 했습니다. 그래서 숏폼이 새로운 기회라는 것을 직감했습니다.

저는 숏폼을 통해 조회수뿐 아니라 새로운 기회도 얻을 수 있었습니다. 그 전에는 SNS를 통해 세 달에 한 번 정도 강의 연락이 왔습니다. 그런데 숏폼을 한 후로는 날짜가 겹쳐 새로 들어온 강의를 못하는 날이 생길 정도로 강의 연락이 많이 왔습니다. 강의가 많아진 만큼 소상공인, 크리에이터, 대학생, 작가 등 다양한 사람을 만날 수 있었습니다. 그들에게는 3가지 공통적인 문제가 있었습니다.

첫째, 숏폼 자체를 어려워했습니다. 홍보를 위해 숏폼을 배우러 왔지만 사람들이 왜 이렇게 빠른 영상을 선호하는지 이해하지 못했습니다. 무엇보다 숏폼 영상에 나의 브랜드 메시지를 넣는 '기획'을 가장 어려워했습니다.

둘째, 돈이 되지 않는다며 걱정했습니다. 5만 명이 넘는 구독자를 보유한 크리에이터가 받는 채널 광고 수익은 얼마일까요? 실제 광고 수익은 100만 원도 되지 않았습니다. 그래서 다른 수익화 방법을 계속 찾았지만 자신의 채널 방향성에 맞지 않아 채널을 접고 다시 개설해야 할지를 고민했습니다.

마지막은 기계를 다루는 것이 걱정돼 시작하지 못하고 있었습니다. 평소 휴대전화로 영상을 보기만 했을 뿐, 사진도 잘 안 찍는다고 말했습니다. 편집 같은 건 생전 해 본 적이 없어서 걱정만 한가득이었습니다.

이 3가지 문제를 해결할 수 있도록 실전에 적용할 수 있는 다양한 예시를 넣어 책을 구성했습니다.

'PART 1'에서는 숏폼 강의를 다니면서 수강생들이 수업 전에 물어봤던 숏폼 궁금증 3가지에 관해 이야기합니다. 'PART 2'에서는 시청자가 제품과 서비스를 구매하는 과정과 시청자를 나의 고객으로 만드는 숏폼 기획 마케팅 4단계를 설명합니다. 마지막으로 'PART 3'에서는 휴대폰 하나로 쉽고 간단하게 숏폼을 편집하는 방법에 관해 알아봅니다.

이 책은 무엇보다 소상공인, 기업가, 작가, 강사 등 자신을 알리고 싶거나 상품을 판매하고 싶은 사람들을 위해 집필했습니다. 숏폼 기획이 막힐 때마다 곁에 두고 편하게 사용하는 책이 되기를 바라는 마음입니다.

끝으로 이 책의 출판을 허락해 주신 생능출판사 편집장님, 정신적으로 응원해 준 현아, 민혜, 혀니님, 핑크쟁이님, 하나쌤 그리고 생각만 하던 책을 투고할 수 있게 만들어 준 김애리 작가님, 바쁘다는 핑계로 신경을 많이 못 써 준 남편, 어머님, 엄마, 아버지, 혜인이 인겸이 그리고 은성이 은우에게 항상 사랑한다는 말을 남깁니다.

▶ PART 2
고객을 찾아오게 만드는
숏폼 기획 마케팅 4단계

▶ PART 3
휴대전화로 한 번에 가능한
숏폼 편집 5단계

PART
1

숏폼 시작 전
99%가 물어보는
숏폼 관련
궁금증 3가지

사람들은 숏폼이 무엇인지 궁금해합니다. 또 숏폼을 보고 있지만 그것이 숏폼인지도 모릅니다. PART 1에서는 숏폼을 처음 접해 본 분들도 쉽게 이해할 수 있도록 강의를 할 때 가장 많이 받았던 3가지 질문에 대한 답을 정리했습니다.

"숏폼이 곧 쇼츠인가요? 릴스는 뭐죠?"
"숏폼이 정말 홍보가 되나요?"
"일반인도 숏폼으로 돈을 벌 수 있을까요?"

위 3가지 질문에 모두 답할 수 없다면 PART 1을 꼭 읽어 보길 바랍니다. 이와 반대로 모두 답할 수 있다면 PART 2로 넘어가도 좋습니다.

숏폼이 곧 쇼츠인가요?
릴스는 뭐죠?

과거에는 '유튜브를 본다.'라고 말하면 '유튜브 영상을 본다.'라고 알아들었습니다. 그러나 숏폼(Short-form)의 등장은 상황을 변화시켰습니다. 이제는 영상이 '쇼츠', '릴스', '유튜브 롱폼'과 같이 다양한 이름으로 불리며 각 플랫폼의 특성에 맞춘 형태와 스타일이 형성됐습니다.

▶▶ 01-1 숏폼은 기존 영상과 무엇이 다를까?

숏폼은 '길이가 짧은 세로형 영상 콘텐츠'를 의미합니다. 이 새로운 형식의 영상에 대한 사람들의 반응은 엇갈리고 있습니다. 이번에는 숏폼의 특징과 함께 사람들의 다양한 반응을 살펴보겠습니다.

1) 짧은 즐거움 vs. 반복되는 피로감

숏폼이 등장한 이후 하루에 숏폼을 5시간 넘게 시청하는 사람도 생겨났습니다.

반면 숏폼이 낯설게 느껴져 TV나 유튜브의 긴 영상을 더 선호하는 이들도 있습니다. 이들은 숏폼을 다음 3가지 점에서 다르게 표현했습니다.

첫째, 숏폼은 1분 정도의 짧은 시간에 내용이 빠르게 전개됩니다. 기존 영상은 서론, 본론, 결론과 같은 익숙한 구조가 있지만 숏폼은 서론 없이 본론부터 시작합니다. 또 말과 영상의 장면이 빠르게 지나가므로 기존 영상에 익숙한 사람들은 내용을 이해하기 어려워합니다. 하지만 빠르게 소비되는 콘텐츠에 익숙한 사람들은 짧은 시간 안에 핵심 정보를 파악할 수 있어 긍정적으로 평가합니다.

둘째, 숏폼은 영상이 끝나도 멈추지 않고 처음으로 돌아가 다시 재생되기 때문에 같은 영상을 반복해서 보게 됩니다. 더욱이 다음 영상으로 넘기면 새로운 영상이 계속 재생됩니다. 어떤 사람은 이런 체계가 중독성을 유발할 수 있다는 점을 들어 부정적으로 평가하지만, 어떤 사람은 고민 없이 다양한 영상을 즐길 수 있다는 점을 들어 긍정적으로 평가합니다.

셋째, 숏폼에서는 유행하는 콘텐츠가 빠르게 변합니다. 하루가 다르게 변화하는 트렌드에 발맞추기 어려운 사람들은 숏폼과 자연스럽게 멀어졌습니다. 그러나 새로운 콘텐츠의 중심에 있을 수 있어서 흥미롭다고 느끼는 사람들도 있었습니다.

이처럼 숏폼을 받아들이는 입장은 서로 다르지만 숏폼을 시청하는 사람들의 수는 지속적으로 늘어났습니다. 숏폼에 대한 관심이 높아지면서 이를 통해 물

건을 구매하고 새로운 장소를 방문하는 새로운 문화도 생겨났습니다. 이러한 변화는 마케팅에 큰 영향을 미치게 됐습니다.

2) 숏폼 소비자 vs. 숏폼 마케팅 활용자

홍보 영상 제작은 전문가의 영역이었습니다. 그런데 최근에는 일반인이 직접 숏폼을 제작해 마케팅의 용도로 사용하고 있습니다. 이것이 가능했던 이유는 무엇일까요?

첫째, 숏폼은 영상의 길이가 짧아 제작하기 쉽습니다. 예를 들어 10분 정도의 유튜브 영상을 편집하기 위해서는 최소 5시간 이상이 소요됩니다. 이로 인해 많은 크리에이터가 유튜브 채널을 지속적으로 운영하기 어려웠습니다. 반면 숏폼은 기획, 촬영, 편집까지 약 5시간 내에 끝낼 수 있습니다. 제작이 익숙해지면 2시간 이내로도 가능해집니다. 또 촬영과 편집이 휴대전화 하나로 가능해서 누구나 쉽게 숏폼 콘텐츠 만들기에 도전할 수 있습니다.

둘째, 비용이 크게 절감됩니다. 온라인에서 광고를 집행할 때는 노출 수(광고가 타깃에게 노출된 수), 광고 기간, 클릭 수(사람들이 광고를 클릭한 수) 등과 같은 다양한 요소를 고려해 비용을 측정합니다. 그러나 직접 크리에이터가 돼 플랫폼에 숏폼 콘텐츠를 업로드하면 별도의 광고비는 들지 않습니다. 내가 올린 숏폼 콘텐츠는 시간이 지나도 계속 시청자에게 노출되기 때문에 한 번의 수고로 지속적인 효과를 얻을 수 있습니다.

이러한 장점 덕분에 일반 기업이나 소상공인들은 숏폼을 활용해 제품을 홍보하고 있습니다. 이와 더불어 자신을 알리고자 하는 개인들도 숏폼을 이용해 자신의 메시지를 효과적으로 전달하고 있습니다.

▶▶ 01-2 릴스, 쇼츠, 틱톡-대표 숏폼의 차이점

릴스, 쇼츠, 틱톡은 각각 인스타그램, 유튜브, 틱톡에서 숏폼 콘텐츠를 지칭하는 이름입니다. 각 숏폼은 해당 플랫폼의 영향 때문에 이름뿐 아니라 특징에서도 차이를 보입니다.

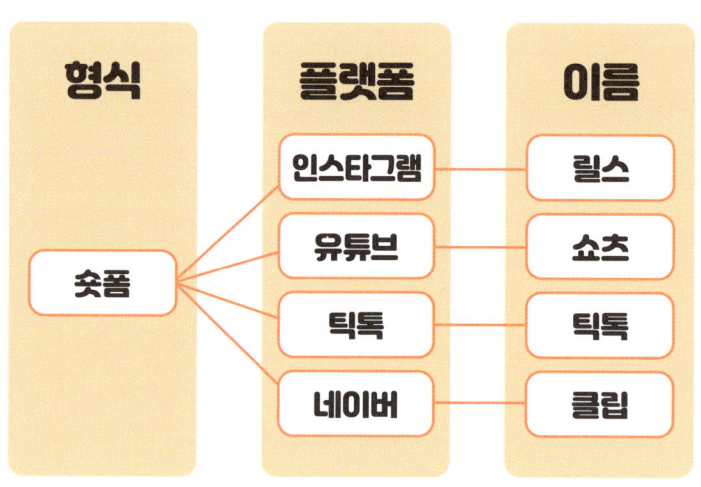

▲ 플랫폼별로 숏폼을 부르는 이름

1) 인스타그램 릴스의 특징

❶ 비주얼 중심의 콘텐츠

인스타그램은 '보여지는' 모습이 중요한, 자랑 위주의 플랫폼입니다. 그래서 MZ세대(1980년대 초반~2000년대 초반에 출생한 세대)들은 예쁜 카페, 세련되게 꾸며진 음식, 아름다운 공간을 발견했을 때 '인스타그램각(인스타그램에 올려서 자랑해야 한다)'이라고 표현합니다. 이와 같은 의미로 사진이 멋지게 나와 인스타그램에서 유명한 장소를 뜻하는 '인스타 핫플'이라는 말도 있습니다.

릴스에는 이러한 요소를 반영한 멋진 풍경의 카페나 해외에 온 듯한 국내 여행지 관련 영상이 많습니다. 따라서 여행처럼 '보여지는' 것이 중요한 콘텐츠의 경우, 릴스를 활용하면 시청자들에게 사랑을 받을 수 있습니다.

❷ 필터 기능

인스타그램은 현실보다 나아 보이고 싶어 하는 사람들의 욕구를 충족시켜 주기 위해 필터 기능을 제공했습니다. 이 필터 기능을 사용하면 화장을 하지 않아도 화장을 한 것처럼 보이고 기존 사진보다 더 나은 컬러감으로 보정할 수 있습니다.

릴스는 이 필터 기능을 활용해 영상을 제작할 수 있습니다. 사용자는 필터를 씌운 자신의 모습에 만족해하면서 릴스를 촬영합니다. 즉, 릴스의 필터는 단순히 보정의 의미를 넘어 사용자가 자신감을 갖고 영상을 촬영하는 데 도움을 주는 역할을 합니다.

▲ 인스타그램 필터 기능 (출처: 인스타그램)

❸ 편집 기능

릴스는 촬영 후 즉시 편집할 수 있는 기능을 제공합니다. 컷 편집, 영상 속도 조절, 자막 넣기, 오디오 추가 등이 제공되므로 특별한 특수 효과가 필요하지 않다면 이 편집 기능으로 인스타그램에서 본 대부분의 릴스를 제작할 수 있습니다. 최근에는 목소리를 자막으로 만들어 주는 자동 캡션 기능과 같은 새로운 편집 기능이 생겨났습니다.

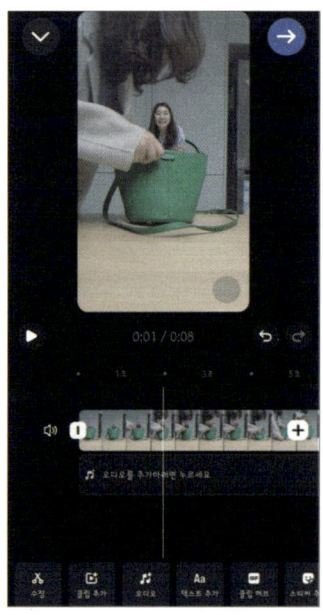

▲ 인스타그램 릴스 편집 화면 (출처: 인스타그램)

❹ 캡션 기능

캡션은 사진이나 동영상을 게시할 때 작성하는 글입니다. 인스타그램에서는 릴스가 출시되기 전부터 캡션 기능을 사용해 시청자들과 소통했습니다. 따라서 릴스는 다른 숏폼보다 캡션을 가장 잘 활용할 수 있습니다.

릴스 사용자들은 영상을 최대한 짧고 궁금하게 만들어 시청자의 관심을 끕니다. 그런 다음 "자세한 사항은 캡션을 확인하세요.", "더 자세히 알고 싶으면 댓글에 '궁금해'라고 적으세요."라는 멘트를 추가해 시청자의 참여를 유도합니다.

릴스는 시청자가 캡션을 보는 동안 계속 재생됩니다. 이때 재생 시간이 길어지면 알고리즘에 해당 콘텐츠를 유익한 것이라고 인식하고 더 많은 사람에게 추천합니다. 또 댓글을 작성한 사람에게 DM(인스타그램 메시지 기능)으로 해당 콘텐츠와 관련된 정보를 보내는 방식으로 시청자와의 관계를 형성할 수 있습니다. DM을 받은 시청자는 관심 있는 정보를 제공받아 자연스럽게 잠재 고객으로 전환될 수 있습니다.

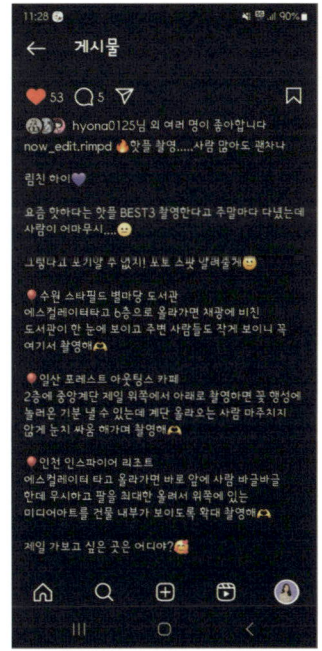

▲ 인스타그램 캡션 화면 (출처: 인스타그램)

❺ 관심사를 기반으로 한 알고리즘

릴스는 '팔로워(구독한 크리에이터)' 기반이 아닌 '관심사' 기반의 알고리즘으로 작동됩니다. 인스타그램에서 자주 봤던 콘텐츠, 최근에 업로드한 콘텐츠, 소통했던 콘텐츠 등을 분석해 특정 주제에 관심이 있는 시청자에게 크리에이터의 릴스를 추천하는 방식입니다.

예를 들어 맛집에 관심 있는 시청자에게 맛집 관련 릴스를 홍보하고 싶다면 맛집 릴스를 업로드해야 합니다. 이와 동시에 맛집과 관련된 릴스를 자주 보고 맛집 관련 계정과 소통해 알고리즘이 맛집에 관심이 있다는 것을 알 수 있게 해 줘야 합니다. 릴스의 타깃은 인스타그램의 주 시청자층인 20~40대이고 이제 막 시작해서 팔로워 수가 적다면 릴스를 추천합니다.

2) 유튜브 쇼츠의 특징

❶ 3분 쇼츠

2019년 3월, 나스 미디어의 인터넷 이용자 조사에 따르면 인터넷 이용자 10명 중 6명이 유튜브를 정보 검색 채널로 이용한다고 발표했습니다.[1] 이러한 흐름에 따라 쇼츠도 초반에는 사용자들에게 유용한 정보를 전달하는 콘텐츠가 주를 이뤘습니다. 그러나 최대 60초까지밖에 올릴 수 없었던 쇼츠에서 지식 영상은 간단한 팁이나 가벼운 지식 위주의 내용이 대부분이었습니다.

이에 따라 유튜브에서는 보다 상세한 매뉴얼이나 구체적인 정보를 전달할 수 있도록 쇼츠를 3분까지 올릴 수 있게 조정했습니다. 자세한 설명이 중요한 교육 콘텐츠나 전자 기기 리뷰 관련 콘텐츠를 홍보한다면 쇼츠를 추천합니다.

❷ 관련 동영상 기능

유튜브 크리에이터들은 쇼츠를 기존 영상을 홍보하는 용도로 사용했습니다. 쇼츠가 처음 도입됐을 때 가로 영상에 익숙했던 유튜브 크리에이터들은 쇼츠를 위한 영상을 다시 촬영하지 않았습니다. 그 대신 세로 화면에 기존 가로

---

1) 내일 신문, TV 시대는 끝났다. 스마트폰 하나면 방송국이 '뚝딱'(https://www.naeil.com/news/read/341368)

영상의 하이라이트 부분을 잘라서 넣고 비어 있는 공간에 그 영상의 제목을 추가하는 방식으로 쇼츠를 제작했습니다.

▲ 초기의 유튜브 쇼츠 화면 (출처: 유튜브)

 이렇게 제작된 쇼츠는 시청자에게 다음 내용에 대한 궁금증을 자아내며 자연스럽게 다음 영상으로 넘어갈 수 있도록 유도했습니다. 크리에이터들은 쇼츠의 댓글에 기존 가로 영상의 URL 링크를 추가해 시청자가 해당 링크를 클릭해 전체 영상을 쉽게 찾아볼 수 있도록 했습니다.

 하지만 현재는 댓글에 링크를 넣는 기능이 제한돼 있어 '관련 동영상' 기능이 이를 대신하고 있습니다. '관련 동영상' 기능은 새로 업로드하는 쇼츠에 내 채널 내의 기존 영상 중 하나를 선택하도록 하고 시청자가 새로운 쇼츠를 볼 때마다 선택한 영상의 제목을 보여 주는 형태로 추천합니다.

▲ 유튜브 쇼츠 관련 동영상 문구 예시(출처: 유튜브)

예전에는 이 기능을 가로 영상에 유입시키는 용도로만 사용됐다면 현재는 시청자가 관심이 있을 만한 쇼츠 영상을 연결시켜 내 채널의 영상을 더 보고 싶게 만드는 용도로도 사용되고 있습니다.

❸ 다양한 음원

숏폼은 각 플랫폼(유튜브, 인스타그램, 틱톡)에서 저작권자에게 음원 사용료를 지불했기 때문에 음악을 비교적 자유롭게 사용할 수 있습니다. 이에 더해 기존에 업로드됐던 유튜브 영상의 소리인 크리에이터가 했던 말도 활용할 수 있어서 음원 선택의 폭이 넓습니다. 단, 유튜브 크리에이터가 동영상 사운드 리믹스를 허용한 영상만 가능합니다.

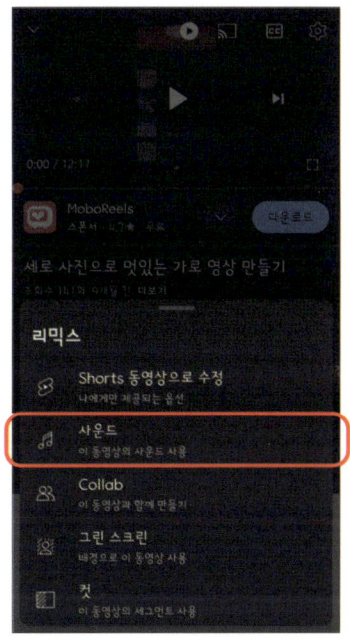

▲ 동영상 리믹스 이용 예시 (출처: 유튜브)

❹ 다양한 시청자

유튜브는 전 연령이 시청하는 플랫폼입니다. 반면, 인스타그램은 30~40대 여성이, 틱톡은 10~20대 초반이 가장 많이 사용합니다. 이런 이유로 내가 만들고자 하는 숏폼의 타깃이 특정 연령층에 집중돼 있지 않다면 다양한 시청자의 반응을 살펴볼 수 있는 쇼츠를 추천합니다.

3) 틱톡의 특징

❶ 10분 틱톡

숏폼을 유행시킨 '틱톡'은 1분이라는 제한을 넘어 최대 10분까지 영상을 업로드할 수 있습니다. 다양한 주제를 다루는 유튜브 영상의 세로화와는 다른 느낌입니다. 1분이 넘어가는 틱톡은 즐거움 위주의 콘텐츠가 주를 이루고 있습니다. 예를 들어 드라마나 예능의 일부를 편집한 콘텐츠, 달달한 통화 내용처럼 부담없이 즐길 수 있는 주제가 유행합니다.

❷ 자유 분방함

틱톡에서는 크리에이터가 열심히 춤을 추다가 마지막에 혼자 머쓱해하는 모습을 자연스럽게 담아냅니다. 틱톡을 처음 접하는 사람들은 끝맺음이 어색해 편집을 다 하지 않았다고 느낍니다. 하지만 기존 시청자인 10대와 20대들은 이러한 장면을 대수롭지 않게 받아들입니다.

틱톡 시청자들이 원하는 것은 '완벽함'이 아니라 '자연스러움'입니다. 마치 친구의 방에 놀러가서 격식을 차리지 않고 노는 것처럼 있는 그대로의 모습을 원합니다. 따라서 10~20대 초반이 사용하는 언어와 영상 자체를 즐기는 모습을 보여 준다면 공감대를 더 높일 수 있습니다.

❸ 해시태그의 적극적인 활용

틱톡은 관련된 주제의 영상이나 글을 하나로 묶는 해시태그를 효과적으로 사용하는 플랫폼입니다. 틱톡의 시청자들은 궁금한 것이 있을 때 검색 기능을 이용하기보다 관심 있는 해시태그를 사용해 관련 콘텐츠를 탐색하는 것에 익숙합니다.

▲ 유리소리TV (출처: 틱톡)

예를 들어 틱톡 영상을 보다가 수원 카페에 관한 영상이 마음에 들면 자연스럽게 설명란의 '#수원카페' 해시태그를 탭해 더 많은 관련 영상을 찾아봅니다. 따라서 틱톡은 영상을 올릴 때마다 제목과 설명란에 관련 해시태그를 포함하는 것이 중요합니다.

❹ 완성형 편집 기능

시청자들이 틱톡 크리에이터로 빠르게 전환할 수 있었던 이유 중 하나는 틱톡에서 제공하는 편집 기능 때문입니다. 쉬운 편집 기능 덕분에 조작 방법을 배우지 않고도 촬영한 영상을 바로 편집해 업로드할 수 있었습니다.

가장 오래된 숏폼 플랫폼이므로 편집 기능이 많이 발달돼 있습니다. 틱톡은 영상 위에 사진이나 영상을 올리는 오버레이 기능, 텍스트를 음성으로 바꿔 주는 음성 변환 기능 등 휴대전화 동영상 편집 앱에서 사용할 수 있는 대부분의 기능을 제공합니다.

▲ 틱톡 편집 화면 (출처: 틱톡)

❺ 추천 알고리즘

틱톡의 메인 화면은 '팔로잉'과 '추천'으로 나뉘어 있습니다. 팔로잉 탭에서는 내가 팔로워한 크리에이터가 최근에 올린 영상들을 확인할 수 있습니다. 추천 탭은 알고리즘이 최근에 시청한 영상을 분석해 관심 있어 할 만한 영상을 제안합니다.

틱톡은 시청자가 최근의 본 영상의 주제를 추천하는 알고리즘을 사용합니다. 그렇기 때문에 신규 크리에이터에게도 공정한 노출 기회를 제공합니다. 숏폼을 처음 시작하고 타깃이 10대와 20대라면 틱톡을 추천합니다.

▌ 릴스, 쇼츠 틱톡의 대표적인 특징

플랫폼	릴스	쇼츠	틱톡
최대 업로드 시간	3분	3분	10분
주 시청자층	20~40대	전 연령	10~20대 초반
콘텐츠의 특징	비주얼 중심	유익함, 재미	자유로움

02

숏폼이
정말 홍보가 되나요?

숏폼은 관광, 뷰티, 교육 등 다양한 분야에서 성공적인 마케팅을 수행했습니다. 하지만 평소 숏폼에 관심이 없던 사람들은 과연 숏폼으로 홍보가 가능한지에 대한 실제 사례를 원합니다.

▶▶ 02-1 마케팅의 가치를 증명한 숏폼

코로나19로 힘든 시기에 많은 기업과 소상공인은 새로운 홍보 창구가 필요했습니다. '숏폼 챌린지'라는 새로운 문화와 소비자들의 구매 행동 변화는 숏폼을 마케팅의 중요한 도구로 자리 잡게 만들었습니다.

1) 브랜드 마케팅으로 사용되는 숏폼 챌린지

코로나19가 계속되자 서울 관광 재단이 틱톡과 손을 잡고 '다시 여행이 시작된다면 첫 번째 목적지는 서울이 되길 바란다.'라는 메시지를 담은 '서울에서

만나요' 해시태그 챌린지를 진행했습니다.

2020년 9월, 총 12일 동안 진행된 이 챌린지는 캠페인 홍보 영상 4억 뷰를 달성하고 참여 영상 9만 2,000건, 22만 개의 '좋아요', 1만 2,000여 명의 팔로워를 모으며 성공적으로 마무리됐습니다.[2] 이를 통해 숏폼의 홍보 효과가 증명됐습니다. 그 후 브랜드 마케팅에서 숏폼 챌린지를 활용하는 것이 점차 일반화되고 있습니다.

기업들은 자사의 제품이나 서비스를 홍보하기 위해 인기 있는 댄스 챌린지와 협업하거나 자체 챌린지를 만들어 소비자들의 참여를 유도합니다. 이러한 전략은 소비자들에게 재미있고 창의적인 방식으로 브랜드를 알리는 데 효과적입니다.

또 기업과 기관에서는 소비자에게 친근하게 다가가기 위해 '임플로이언서(사내 직원 인플루언서)'를 활용하고 있습니다. 이들은 숏폼 콘텐츠에서 단순히 춤을 추는 것에 그치지 않고 유행하는 댄스 챌린지 가사 속에 전달하고자 하는 메시지를 담아 브랜드를 효과적으로 홍보합니다.

▲ 포승문화놀이터Y (출처: 유튜브)

2) 유튜브, SUCCESS CASE I 서울 관광 재단: #서울에서만나요 챌린지(https://www.youtube.com/watch?v=tQQ2.9Hbgihg)

2) 소비 트렌드를 선도하는 숏폼의 힘

최근 갑자기 화제가 된 두바이 초콜릿은 어떻게 생겨났을까요? 2023년 12월, 디저트 리뷰 틱톡 크리에이터 'Maria Vehera257'은 픽스 디저트 쇼콜라티에와 협업해 ASMR 먹방 숏폼 영상을 올렸습니다. 이 영상은 무려 3억 회 이상 재생됐습니다.[3] 이에 세계 각국의 크리에이터들은 발 빠르게 두바이 초콜릿을 가져와 먹방 숏폼을 제작했습니다.

우리나라에서 두바이 초콜릿 영상이 급속도로 퍼지게 된 계기는 틱톡 크리에이터 '젼언니'가 두바이 초콜릿을 직접 만드는 숏폼 영상을 올리면서부터였습니다. 이 영상은 구하기 힘든 두바이 초콜릿을 직접 만들 수 있다는 점 때문에 많은 관심을 끌었습니다.

이 영상을 본 디저트 관련 소상공인들은 두바이 초콜릿을 만들어 판매하기 시작했습니다. 그 결과, 만들어지자마자 완판되는 성과를 거뒀습니다.

두바이 초콜릿은 소상공인뿐 아니라 대기업에서도 만들었습니다. CU에서는 두바이 초콜릿은 물론 '이웃집 통통이 두바이식 초코 쿠키'를 출시했고 GS에서는 '두바이 카다이프 피스타치오 초코바'를 선보였습니다. 이와 같은 사례에서 알 수 있듯이 숏폼은 유행을 선도할 뿐 아니라 유통업계에까지 큰 영향을 미치고 있습니다.

3) 인터넷 쇼핑을 넘어서는 숏핑(숏폼+쇼핑)의 가능성

온라인 커머스 시장에서는 숏폼이 소비 트렌드를 이끄는 모습을 지켜보면서 숏폼을 보고 바로 물건을 구입하는 '숏핑' 서비스를 선보였습니다.

---

3) 내일 신문, TV 시대는 끝났다. 스마트폰 하나면 방송국이 '뚝딱'(https://www.naeil.com/news/read/341368)

네이버는 2022년 9월 숏폼과 스마트 스토어를 연동한 서비스인 '숏클립'을 내놓았습니다. 구매 과정은 간단합니다. 숏클립을 보고 마음에 드는 제품이 있으면 해당 제품에 표시된 배너를 클릭합니다. 그러면 스마트 스토어로 넘어가 구매할 수 있습니다. 네이버에 따르면 2022년 숏클립의 매출은 2021년 대비 1,254% 증가했다고 합니다.[4]

▲ 리리크포엠 숏클립 (출처: 네이버)

GS샵은 2023년 12월 '숏픽' 서비스를 출시했습니다. 숏픽은 TV 홈쇼핑, 라이브 커머스 등 다른 채널에서 송출된 판매 영상을 1분 안팎으로 편집해 게시하는 서비스입니다. 6개월 만에 누적 페이지뷰 1억 회를 넘기는 성공적인 결과를

---

4) 디지털 투데이(Digital Today), '숏폼'으로 물건 파는 '숏핑' 시대 도래…"클립 하나로 매출 수천 만 원"(https://www.digitaltoday.co.kr/news/articleView.html?idxno=515442)

낳았습니다.[5)]

숏폼 커머스 시장이 커지자 숏폼 플랫폼의 시청자가 바로 소비자가 될 수 있도록 유튜브는 '유튜브 쇼핑'을, 틱톡은 '틱톡샵'을 시작했습니다. 이제 숏폼은 물건을 판매하는 사람들에게 필수적인 마케팅 전략이 됐습니다.

▶▶ 02-2 매출을 끌어올리는 '그들만의' 숏폼 활용법

대부분의 사람들이 전문 방송인이나 크리에이터만 이런 유의미한 결과를 낼 수 있다고 생각합니다. 하지만 영상이 익숙한 사람이 아니더라도 숏폼을 활용해 매출을 올린 사람들이 있습니다. 이제 그들의 이야기를 시작해 보겠습니다.

1) 진정성으로 승부를 본 '가야 마을'의 성공 사례

가야 마을은 된장 장인 안종덕 할머니가 65년의 전통 방식으로 된장, 간장, 고추장, 조청을 만드는 곳입니다. 가야 마을처럼 전통을 고집하는 분들이 가장 어려워하는 것이 요즘 유행에 맞춰 영상을 제작하는 일입니다. 하지만 가야 마을은 시청자에게 다가가기 위해 쇼츠를 제작했습니다. 우선 기존에 만들었던 유튜브 영상을 짧게 재편집했습니다. 그런 다음 사람들의 시선을 끄는 제목을 넣어 건강하기 위해서는 어떤 장을 먹어야 하는지를 알려 줬습니다.

---

5) AP 신문, "6개월 만에 1억 뷰"…GS샵 '숏픽', 이커머스 쇼핑 공식 바꾼다(https://www.apnews.kr/news/articleView.html?idxno=3020906)

마트 된장에 '이 성분' 보이면 절대 사지 마세요!
조회수 179만회

3년 안 된 된장 먹으면 인체에 독이 되는 이유
조회수 121만회

위암 환자가 5년 숙성 된 고추장물을 퍼먹는 이유
조회수 102만회

▲ 가야 마을, @gaya_doenjang (출처: 유튜브)

"마트 된장에 '이 성분' 보이면 절대 사지 마세요!" 쇼츠에서는 마트 된장은 수입된 콩으로 식용유를 짜고 남은 찌꺼기인 탈지 대두분을 사용해 된장을 만든다는 것을 알려 주고 있습니다. 이러한 정보들은 일반인들에게 유용한 정보가 됐고 가야 마을에서 판매하는 된장은 좋은 콩으로 만든다는 신뢰감을 심어 줬습니다.

이 쇼츠들은 알고리즘을 타서 100만 회가 넘는 조회수를 기록했고 직접 방문해서 구매한 사람들의 재구매가 이뤄졌습니다. 특히 평소 몸이 좋지 않은 사람들 사이에 입소문이 나서 판매 문의가 끊이지 않았습니다. 놀랍게도 2024년 5, 6월 2달 동안 1년 동안 판매할 고추장과 조청이 모두 판매됐습니다.

만약 물건을 판매하기 위해 '우리 장은 위암 환자에게 좋아요'라는 쇼츠를 만들었다면 이와 같은 결과는 나오기 힘들었을 겁니다. '건강을 생각하는 사람'이라는 정확한 타깃 설정, 그들에게 필요한 '음식에 관한 정보', 실제 만드는 과정을 가감 없이 보여 준 영상의 내용이 어우러져 시청자들이 진정성을 느낄 수 있었습니다.

2) 미라클 루틴으로 다져진 끈기 있는 '인생 약사님'의 성공 사례

'인생 약사님'은 병원에서 근무하는 약사이자 책을 출판한 작가입니다. 숏폼이 유행하기 전부터 자신을 알리기 위해 블로그와 유튜브, 인스타그램을 운영했지만 기록용으로 활용할 수 있었을 뿐, 홍보하기는 어려웠습니다.

그러다 약에 대한 정보와 사람들이 궁금해하는 건강 기능 식품에 관련된 정보를 숏폼으로 제작했습니다. 연기를 하거나 춤을 추는 건 자신이 없었기 때문에 간단한 손동작을 하는 모습에 자막과 이미지를 넣어 만들었습니다.

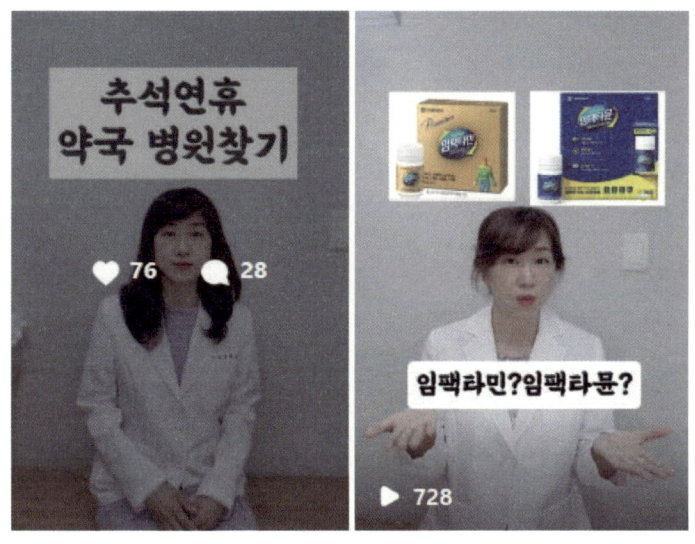

▲ 인생 약사, @timepharm (출처: 인스타그램)

SNS에 올린 숏폼이 계속 높은 조회수를 얻진 못했지만 꾸준히 올리는 것만은 자신이 있었기 때문에 의학 정보에 관련된 숏폼을 100개 이상 올릴 수 있었습니다. 인생 약사님은 숏폼을 만든 것이 자신을 브랜딩하고 약이나 영양제에 대한 바른 정보를 전달하는 데 도움이 됐다고 말합니다. 실제로 숏폼을 보고 강의 문의를 한 사례들이 생겼고 현재는 전국을 누비며 활발하게 강의를 진행하고 있습니다.

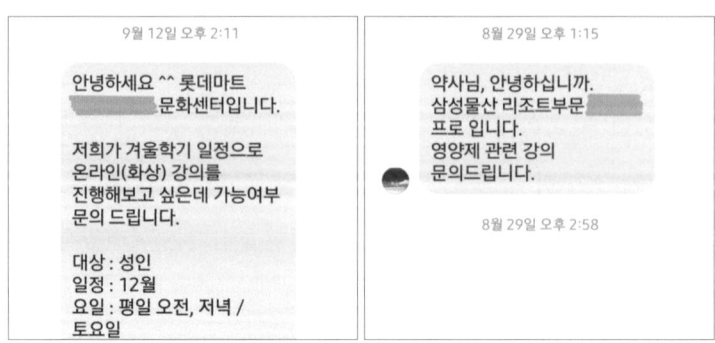
▲ 인생 약사 강의 문의 DM, @timepharm (출처: 인스타그램)

이 사례들 말고도 일반인이 유행하는 챌린지 영상을 만들어 온라인 스토어의 매출이 늘어난 사례, 미용실에 오는 손님들이 시술을 받기 전후 모습을 올려 예약이 늘어난 사례 등 숏폼을 이용해 매출이 일어난 사례가 많습니다. 숏폼은 누구나 시도할 수 있으며 지금도 많은 사람에게 새로운 기회를 제공하고 있습니다.

일반인도 숏폼으로
돈을 벌 수 있을까요?

제품이나 서비스가 없는 사람들은 숏폼으로 돈을 벌 수 있는 방법이 광고 수익뿐이라고 생각합니다. 하지만 이외에도 숏폼을 활용해 돈을 벌 수 있는 방법이 있습니다.

▶▶ 03-1 영상을 열심히 올렸다고 주는 보너스, 광고 수익+α

숏폼 콘텐츠 플랫폼들은 일정한 기준을 충족하는 크리에이터에게 돈을 벌 수 있는 기회를 제공합니다. 대부분의 사람들이 기대하는 숏폼 광고 수익부터 플랫폼에서 수익화를 낼 수 있는 다양한 방법을 알아보겠습니다.

1) 무한한 가능성, 유튜브 쇼츠

❶ 광고 수익

유튜브에서 광고 수익을 얻기 위해서는 유튜브 파트너 프로그램의 자격 요건을 충족해야 합니다. 기존의 자격 요건은 구독자 수가 최소 1,000명 이상이어야 합니다. 또한 기존 가로 영상의 경우 지난 12월간 공개된 동영상의 시청 시간이 4,000시간 이상이어야 합니다.

이외에 쇼츠의 도입으로 기존의 자격 요건에 '지난 90일간 공개된 쇼츠 동영상의 유효 조회수가 1,000만 회 이상'이어야 한다는 새로운 조건이 추가됐습니다.

| 구독자 수 1,000명 이상 | 공개 동영상 시청 시간 4,000시간
(지난 12개월간) |
| | 공개 쇼츠 조회수 1,000만 회
(지난 90일간) |

▲ 유튜브 파트너 프로그램의 자격 요건 (출처: 유튜브)

이러한 조건은 쇼츠 덕분에 급성장한 크리에이터들에게 좋은 기회가 됐습니다. 기존의 수익 창출 조건인 '1년 안에 시청 시간 4,000시간 채우기'의 허들은 많은 크리에이터에게 벅찬 도전 과제가 됐고 이때문에 포기한 이들도 많았습니다. 쇼츠 조회수 1,000만 회를 채우는 것도 어려워 보였습니다. 그런데 실제로는 생각보다 쉽게 얻을 수 있었습니다.

예를 들어 기존에 영상 1개당 조회수가 1만 회도 안 나오던 채널이 쇼츠 1개의 조회수로 100만 회가 넘는 경우가 발생했습니다. 일명 '떡상(조회수가 급격히 높아진다)'된 쇼츠 콘텐츠는 다른 영상의 조회수도 함께 올라가는 긍정적인 영향을 미쳤습니다. 그래서 전보다 빠르게 자격 요건을 달성할 수 있었습니다.

❷ 슈퍼 땡스

예전부터 유튜브 크리에이터들은 크리에이터 활동을 지속하기 위해 자신의 계좌를 공개하고 팬들에게 후원을 받아왔습니다. 유튜브는 이를 이용해 공개적인 후원 제도인 '슈퍼 땡스(Super Thanks)'와 채널 멤버십을 만들었습니다. 슈퍼 땡스는 시청자가 특정 영상을 보고 댓글로 후원하는 이유를 작성하고 원하는 금액을 선택합니다. 슈퍼 땡스의 댓글은 모든 사람에게 공개돼 크리에이터는 후원자에게 감사 인사를 전할 수 있으며 후원자는 크리에이터와 연결돼 있다는 느낌을 받습니다. 슈퍼 땡스를 사용한 내역을 투명하게 공개하고 후원자들에게 지속적인 관심을 표현하면 열성 팬을 만들 수 있습니다.

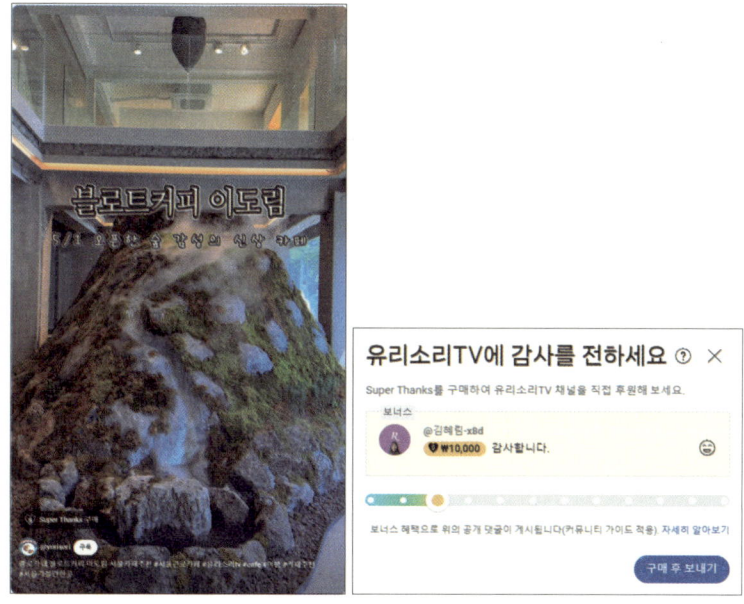

▲ 유리소리TV, @yurisori (출처: 유튜브)

슈퍼 땡스로 후원받은 금액의 70%는 크리에이터에, 30%는 유튜브에 전달됩니다. 이 기능의 첫 번째 자격 요건은 지난 90일간 공개 동영상의 유효 업로드 3회 및 구독자 500명 확보입니다. 두 번째 자격 요건은 지난 12월간 공개 동영상의 유효 시청 시간 3,000시간 이상 달성 또는 지난 90일간 공개 쇼츠 동영상의 조회수 300만 회 달성입니다. 이는 기존의 유튜브 광고 수익보다 크게 완화된 조건으로, 이 조건 달성 시 채널 멤버십과 유튜브 쇼핑 이용도 가능합니다.

❸ 채널 멤버십

채널 멤버십은 시청자가 크리에이터의 채널에 가입해 일정 금액을 매달 지불하는 구독 서비스입니다. 이 기능은 크리에이터가 안정적인 수익원을 확보하는 데 도움을 줍니다.

크리에이터는 채널 멤버십을 활용해 멤버십에 가입한 회원 전용의 특별한 영상을 제공할 수 있습니다. 예를 들어 멤버십 회원들에게는 일반 공개 영상보다 일주일 먼저 새로운 영상을 공개하는 특혜를 줄 수 있습니다. 또 기존의 콘텐츠에서는 볼 수 없었던 크리에이터의 사적인 내용을 담은 Q&A 영상을 제공함으로써 팬들의 궁금증을 해결해 줄 수 있습니다.

이와 같은 독점 콘텐츠를 통해 팬들은 자신이 좋아하는 크리에이터와 더욱 가까운 관계를 형성할 수 있게 됩니다. 크리에이터는 이를 이용해 팬들이 참여할 만한 멤버십 전용 콘텐츠를 제작한다면 지속적인 후원을 유도할 수 있습니다.

❹ 유튜브 쇼핑

유튜브 쇼핑은 유튜브의 온라인 스토어인 카페24에 자신의 제품을 올리고 쇼츠 영상에 연결해 제품을 홍보하는 기능입니다. 이는 좋은 수익화 기능이지만 제품을 판매하는 크리에이터들은 이미 자사 판매 사이트가 있거나 다른 플랫폼에 제품을 등록해 뒀기 때문에 카페 24에 제품을 올리는 과정이 번거롭게 느껴졌습니다.

이러한 상황을 인식한 유튜브는 기존 유튜브 파트너스 프로그램의 자격요건을 충족하는 크리에이터에게 다른 온라인 스토어에서 판매하는 제품도 홍보할 수 있도록 허용했습니다. 이를 통해 크리에이터들은 더 유연하게 자신의 제품을 홍보하고 판매할 수 있는 기회를 갖게 됐습니다.

▲ 도시에서 온 총각, @dosion (출처: 유튜브)

❺ 유튜브 쇼핑 제휴 프로그램

판매하는 제품이 없는 크리에이터는 조건이 되더라도 유튜브 쇼핑 기능을 활용할 수 없었습니다. 유튜브는 이 문제를 해결하기 위해 쇼핑 제휴 프로그램을 도입했습니다.

유튜브 쇼핑 제휴 프로그램은 쿠팡, 교보문고와 같은 제휴사에서 판매하는 모든 제품을 영상에 태그할 수 있게 했습니다. 시청자가 해당 영상에 태그된 상품을 클릭해 연결된 사이트에서 구매하면 제품 금액의 일정 부분이 크리에이터에게 전달됩니다.

예를 들어 쇼츠를 보던 시청자가 스티커처럼 보이는 제품 사진이나 제품 보기에 있는 쿠팡 제품 태그를 탭하면 24시간 동안 구입한 모든 제품 금액의 6.7%를 해당 크리에이터에게 지급합니다.

크리에이터는 이 기능을 이용해 자신의 제품이 없더라도 소개하고 싶은 제품을 영상으로 제작하고 해당 제품을 태그해 시청자들이 구매하도록 유도할 수 있습니다. 단, 기존 유튜브 파트너스 프로그램의 자격 요건을 충족하는 동시에 구독자가 1만 명 이상인 크리에이터만 이 기회를 얻을 수 있습니다.

2) 진입 장벽이 낮은 인스타그램 '릴스'

❶ 릴스 보너스

인스타그램 릴스 조회수로 수익을 주는 '릴스 보너스'는 유튜브에 비해 상대적으로 낮은 기준을 갖고 있습니다. 무엇보다 최소 팔로워 수가 정해져 있지 않아 도전해 볼만 합니다. 수익화 기준은 다음과 같습니다.

첫째, 30일 기준 5개 이상의 릴스가 업로드돼야 하고 재생 횟수가 10만 회 이상이어야 합니다. 둘째, 비즈니스 또는 크리에이터 계정이어야 합니다(브랜드 계정은 제외). 셋째, 만 19세 이상의 성인만 가능합니다. 넷째, 커뮤니티 가이드라인을 지켜야 합니다. 다섯째, 한국, 미국, 일본의 초대받은 일부 크리에이터만 이용할 수 있습니다.

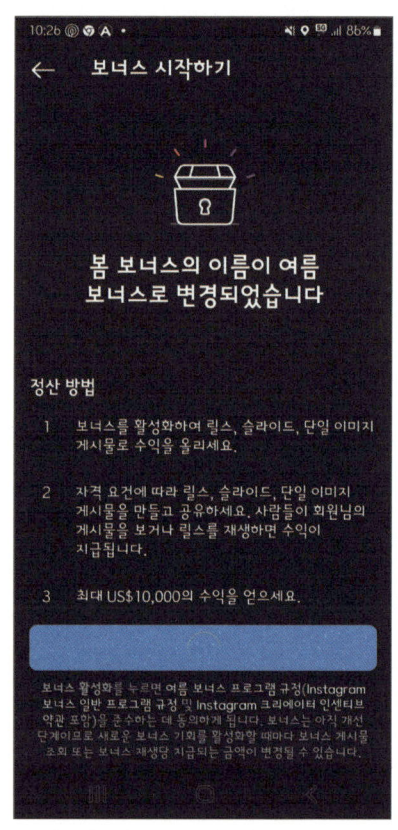

▲ 인스타그램 릴스 보너스 (출처: 인스타그램)

다만, 오해의 소지가 있는 의학 정보나 원본이 아닌 복제된 콘텐츠, 논란의 여지가 있는 사회 문제 등 콘텐츠 수익화 정책에 금지된 게시물이 있을 경우 수익을 창출하기 어렵습니다.

❷ 구독

유튜브의 멤버십처럼 팔로워(구독자)들이 크리에이터에게 매달 일정 금액을 지불하는 서비스입니다. 구독 서비스를 시작하면 프로필 왕관 탭에 구독자를 위한 콘텐츠 홈이 생성됩니다. 구독자들은 이 홈에서 구독자들만을 위한 독점 콘텐츠를 시청할 수 있습니다. 크리에이터는 구독자만을 위한 채팅을 개설해 그들과 가까워질 수 있습니다.

❸ 기프트

팔로워가 500명 이상이고 릴스 수익화 기준을 유지할 경우, 시청자에게 기프트를 받을 수 있습니다. 기프트는 시청자가 마음에 드는 릴스에 스타를 주는 방법입니다. 1스타(100스타는 1달러입니다)부터 받을 수 있으며 총 금액이 25달러 이상일 경우, 출금이 가능합니다.

3) 누구나 수익화할 수 있는 틱톡

❶ 틱톡 크리에이티브 펀드

틱톡 크리에이티브 펀드는 틱톡 콘텐츠 제작자들에게 수익을 창출할 수 있는 기회를 제공합니다. 이 펀드에 참여하기 위한 자격 요건은 우선 대한민국에서 등록했고 사용자는 최소 만 19세 이상의 개인 계정이어야 합니다. 또 콘텐츠는 틱톡의 커뮤니티 가이드라인을 준수해야 하고 1만 명 이상의 팔로워를 보유하고 있어야 하며 지난 30일 동안 10만 회 이상의 조회수를 기록해야 합니다.

❷ 틱톡 리워드

2025년 5월 기준, 틱톡에서는 틱톡 크리에이터가 신규 사용자를 가입시키고 조건을 달성하면 포인트를 주는 '틱톡 리워드 이벤트'를 진행하고 있습니다. 이 이벤트는 대한민국 만 19세 이상만 참여할 수 있습니다.

기존 틱톡 크리에이터가 보낸 초대 링크로 신규 가입하면 바로 50,000포인트를 받습니다. 신규 가입한 사람이 하루에 30분씩 틱톡 영상을 3일 연속 시청 시 20,000포인트, 5일 연속으로 시청 시 135,000포인트, 7일 연속으로 시청 시 495,000포인트를 추가로 받을 수 있습니다. 모든 조건을 달성할 경우 최대 700,000포인트를 받을 수 있습니다.

10포인트는 1원으로 정산돼 3,000원부터 현금 또는 기프트 카드로 받을 수 있습니다. 이 이벤트는 매일 진행하는 것은 아니지만 거의 매년 실시되고 있습니다.

▲ 틱톡 리워드 (출처: 틱톡)

❸ 틱톡 라이트

틱톡 라이트는 기존의 캐시 워크처럼 미션을 달성하면 포인트를 주는 보상형 플랫폼 버전입니다. 틱톡 리워드처럼 친구를 가입시켜 포인트를 얻을 수도 있지만 영상을 보기만 해도 포인트를 줍니다. 포인트를 얻을 수 있는 미션은 다양합니다.

14일 동안 연달아 출석 체크를 하면 6,720포인트를 주고 틱톡 영상에 '좋아요'만 눌러도 18포인트를 줍니다. 1포인트는 1원으로, 5,000원부터 출금이 가능하고 쿠폰으로 교환할 수도 있습니다. 틱톡 라이트의 포인트는 만 18세 이상의 사용자만 교환할 수 있습니다.

▲ 틱톡 라이트 (출처: 틱톡)

4) 상호 협력하는 브랜디드 광고

브랜디드 광고는 기업이 크리에이터에게 광고료를 지급하고 제품이나 서비스를 홍보하는 영상을 직접 제작해 자신의 계정에 게시하도록 하는 마케팅 방식입니다. 기업은 크리에이터의 팔로워를 통해 타깃 소비자에게 직접 접근할 수 있습니다. 크리에이터는 자신의 스타일과 채널에 맞는 광고를 진행해 자연스럽게 제품이나 서비스를 홍보할 수 있습니다.

예를 들어, 크리에이터 '유리소리TV'는 여행 크리에이터로서 다양한 도시의 기자단으로 활동하며 홍보 콘텐츠를 제작했습니다. 이 과정에서 그는 뛰어난 영상 제작 능력을 발휘해 도시 홍보에 많은 도움을 줬고 독창적인 콘텐츠로 많은 팬을 확보해 현재 10만 크리에이터가 됐습니다. 이러한 성공적인 경력 덕분에 그는 한국관광공사가 주관하는 전국 10개 스마트 관광 도시의 브랜디드 콘텐츠를 제작하는 프로젝트에 참여하게 됐습니다. 이 프로젝트는 크리에이터와 기업 간의 협업이 어떻게 상호 이익을 창출할 수 있는지를 잘 보여 줍니다.

▲ 유리소리TV, @yurisori (출처: 유튜브)

▶▶ 03-2 실제 수익화에 성공한 사람들과의 인터뷰

대부분의 사람은 유명 인플루언서처럼 100만 명 이상의 구독자(팔로워)가 있어야 돈을 벌 수 있다고 생각합니다. 그러나 실제로는 적은 구독자로도 수익을 창출한 사람들이 있습니다.

1) 프로 협찬러 경근당근 인터뷰

> **알아 두기**
> 숏폼 협찬은 회사에서 물건을 제공받고 숏폼 영상으로 후기를 남기는 수익화 방법입니다.
> 광고료를 제공하는 경우도 있습니다.

Q1 숏폼 크리에이터로 활동하게 된 계기는 무엇인가요?

친구들을 따라 인스타그램을 시작했어요. '김경은의 일상을 공유하는 콘텐츠'를 올리다가 갑자기 하나의 사진이 '좋아요' 1,000개를 받으면서 모르는 사람들이 저를 팔로워했어요. 그때부터 '엉뚱발랄한 경근당근'이라는 캐릭터로 크리에이터 활동을 시작했어요.

Q2 크리에이터를 시작하고 팔로워 몇 명 때부터 협찬이 들어왔나요?

그 전부터 협찬이 들어오긴 했지만 팔로워 1,000명 넘으니까 갑자기 많이 들어왔어요. 생활 용품부터 화장품까지 다양한 제품이 들어왔지요. 처음엔 오는 대로 다 받아서 소개했어요. 그러다 팔로워가 4,000~5,000명 정도 되니까 피드에 올라가는 제품이 저의 얼굴이라는 걸 깨닫게 됐답니다.

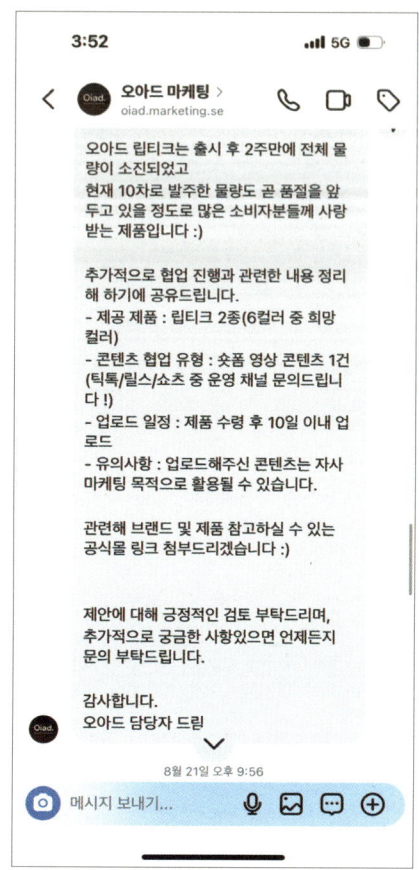

▲ 경근당근 액세서리 협찬, @g_e0820 (출처: 인스타그램)

Q3 그 후로는 어떤 방식으로 협찬을 진행했나요?

경근당근 캐릭터는 메이크업이나 작은 액세서리를 표현할 때 솔직한 반응이 나왔어요. 이와 더불어 팔로워분들도 메이크업이나 패션 제품을 리뷰할 때 '좋아요'와 '댓글'로 반응을 많이 해 주셨답니다. 그래서 지금은 제가 잘할 수 있고 경근당근의 캐릭터에 맞는 제품만 골라서 받아요.

▲ 경근당근 협찬 DM, @g_e08200 (출처: 인스타그램)

또 예전에는 협찬이 들어오면 '무조건 고맙습니다.'라는 마음으로 진행했는데, 지금은 제 색깔에 맞게 역제안도 하고 있어요. 예를 들면 색조 화장품 협찬이 들어왔을 때 그 회사의 제품 중 기초 제품을 더 잘 표현할 수 있을 거라는 생각이 들면 기초 제품을 변경해달라고 말해요. 다른 예로 다양한 콘텐츠 유형을 문의할 때 예전 같으면 회사에서 말하는 대로 행동했지만 지금은 제가 잘할 수 있는 콘텐츠 유형을 설명한답니다.

Q4 협찬 제품을 돋보이게 하는 경근당근만의 숏폼 기술은 무엇인가요?

보통 크리에이터들이 협찬을 받으면 짧게는 며칠, 길게는 2주 정도 사용해 보고 영상을 촬영합니다. 그런데 저는 꾸미지 않는 실제 반응을 보여 주고 싶어서 영상을 촬영할 때 그 제품을 처음 개봉합니다. 그대신 제품을 처음 받을 때부터 브랜드의 소구 포인트와 기획안, 상세 설명을 꼼꼼히 살펴본답니다.

저이 장점은 '스토리텔링 기획안'이라고 생각해요. 처음엔 연기가 좋아서 제품과 관련된 상황극을 일인다역으로 연기했는데, 협찬을 주시는 쪽에서도 일반 협찬 영상과 다르다며 좋아해 주셔서 이 콘셉트를 유지하고 있어요.

▲ 화장품 협찬 DM, @g_e0820 (출처: 인스타그램)

Q5 마지막으로 숏폼으로 협찬을 받고 싶어 하는 사람에게 한마디 부탁드려요.

협찬이 1~2개 들어오면 마음이 들뜨면서 많은 협찬이 들어와야 스스로 인지도가 있다고 생각할 거예요. 그런데 협찬을 많이 받는다고 좋은 건 아니더라고요. 협찬을 모두 올리면 채널의 색깔을 잃어버리고 팔로워들이 떠날 수도 있어요. 내 채널이 탄탄하게 브랜딩돼 있으면 팔로워 수가 적어도 협찬은 들어오게 돼 있어요. 따라서 협찬을 받을 때 자기 채널의 색깔에 잘 녹일 수 있는 제품인지 신중히 고민해 보는 과정을 거치는 것이 좋습니다.

2) 서포터즈 시프트 필름 인터뷰

Q1 서포터즈를 시작하게 된 계기를 알려 주세요.

영상 제작에 관심이 있어서 혼자 영상을 기획, 촬영, 편집한 지 벌써 5년 차가 됐습니다. 처음에 영상을 제작할 때는 나만 만족하면 되기 때문에 혼자서 하는 게 편하고 좋았어요. 그런데 계속 혼자 하다 보니 항상 비슷한 구도의 영상밖에 만들 수 없었어요. 그래서 새로운 영상을 시도해 봤지만 모델 없이 혼자 촬영하는 것은 한계가 있다는 것을 깨닫게 됐습니다.

영상을 누군가와 함께 촬영할 수 있는 방법이 없을까 고민하고 있을 때 '서포터즈'라는 걸 알게 됐어요. 영상을 제작하는 건 자신이 있었기 때문에 '협업할 기회를 만들 수 있지 않을까'하는 기대감을 갖고 'L 서포터즈'를 신청하게 됐습니다.

▶ 시프트 필름 서포터즈 컬래버 영상,
@shift_film (출처: 인스타그램)

L 서포터즈는 제 생각보다 혜택이 많았어요. 우선 같은 서포터즈들과 함께 컬래버 영상을 제작할 수 있는 기회가 있었어요. 미션 주제를 함께 고민해서 기획하고 촬영, 편집까지 진행하는 과정 자체가 정말 즐거웠습니다. 숏폼을 제작해서 제출하면 지원금도 줘서 생활에 도움도 됐어요.

또 정체기를 벗어나는 데 도움이 됐어요. 숏폼에 영상미도 담고 싶고 크리에이터로서 재미 요소도 넣고 싶은데 모두 이룰 수 있는 방법을 찾기 힘들더라고요. 그래서 서포터즈 활동 때 유명 크리에이터분에게 받은 피드백을 곰곰이 생각해 봤죠.

생각 끝에 요즘 사람들에게 도움이 되는 콘텐츠인 '카페에서 영상 찍는 법 3가지 꿀팁' 릴스를 만들게 됐답니다. 이 콘텐츠는 정말 간단한 스마트폰 꿀팁으로 누구든지 따라 할 수 있게 만들어서 조회수도 많이 나왔고 동시에 팔로워도 늘어나게 됐어요.

▲ 카페에서 영상 찍는 법 3가지 꿀팁, @shift_film (출처: 인스타그램)

이 영상이 터진 후 L 서포터즈에서 함께 활동했던 조자룡 님이 저랑 함께 영상을 제작하는 게 소원이라며 연락이 왔어요. L 서포터즈 활동은 이미 끝났고 어떤 영상을 만들어야 할지 고민하다 서울시에서 열린 영상 공모전에 함께 참가하기로 했답니다.

조자룡 님은 일인다역 상황극을 잘하시는 분이라 모델을 하기로 했고 저는 기획, 촬영 편집을 맡았어요. 서로 역할 분담이 잘 돼서 그런지 순조롭게 잘 흘러갔고 결과물 또한 만족스러웠어요. 결과는 놀랍게도 최우수상을 받게 됐답니다. 지금도 그날의 일을 기뻐하며 함께 공모전을 참가하고 있어요.

▶ 서울시 영상 공모전 최우수상 수상작,
@shift_film (출처: 인스타그램)

Q3 마지막으로 숏폼 서포터즈를 시작하고자 하는 사람에게 한마디 부탁드려요.

서포터즈 활동을 해 보니 무엇이든 혼자서 할 수 없다는 걸 깨달았어요. 나를 지지해 주는 커뮤니티가 있으면 다양한 도전을 시도해 볼 수 있고 이와 동시에 자신의 활동 범위를 늘릴 수 있는 기회가 생겨날 수 있으니까요. 서포터즈 활동을 통해 더 많은 기회를 쟁취하셨으면 좋겠습니다.

3) 공동 구매자 교육 크리에이터 하나쌤 인터뷰

Q1 공동 구매를 어떻게 시작하게 됐나요?

　내가 추구하는 교육 철학을 좋아하는 사람은 내가 추천해 주는 제품도 좋아해 줄 것 같다는 생각으로 공동 구매를 시작했습니다. 첫 제품은 유아들이 피아노 건반을 처음 칠 때 사용하는 교구인 '무지개 반지'를 팔았어요. 이 제품은 공동 구매 제안을 받은 건 아니고 제가 직접 대량으로 재료를 구매해 하나하나 만들어서 팔았답니다. 큰 기대를 하지 않고 판매했는데 6세트가 팔려서 놀랐어요. 저에게는 유의미한 시작이었답니다.

▲ 하나쌤 첫 공동 구매 피아노 반지, @homelibrary19 (출처: 인스타그램)

팔로워가 1,000~2,000명 정도 되니까 DM으로 공동 구매 제안이 들어왔어요. 배 도라지즙부터 시작해서 굴비 세트, 송편 만들기 등 다양한 제품이 들어왔죠. 처음엔 들어오는 공동 구매 제품 중 웬만한 건 다 판매했어요. 생각보다 매출이 나오지 않았지만 팔로워가 많지 않을 때라 크게 고민하지 않았어요.

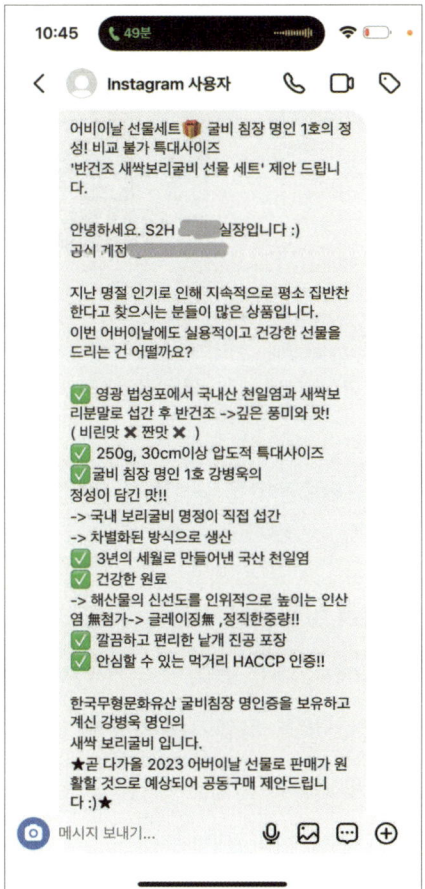

▲ 하나쌤 굴비 공동 구매 제안 DM, @homelibrary19 (출처: 인스타그램)

그런데 공동 구매를 해도 모든 제품이 팔리는 것은 아니었어요. 이유를 분석해 본 결과, 5명이 구매하더라도 팔로워들이 진짜 필요한 제품을 판매하는 것이 중요하다는 것을 깨달았답니다.

그때부터 교육과 관련된 제품을 공동 구매하기 위해 직접 업체에 연락해서 제안하기 시작했어요. 이메일로 연락할 수도 있었지만, 저는 가장 빠른 방법을 원해서 담당자에게 직접 전화를 걸었답니다.

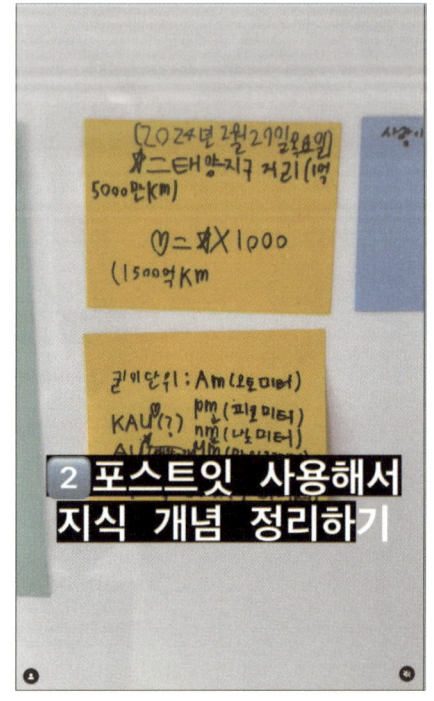

▶ 하나쌤 화이트보드 공동 구매,
@homelibrary19 (출처: 인스타그램)

Q3 숏폼으로 최대 매출 2,200만 원을 달성한 하나쌤만의 공동 구매 전략은 무엇인가요?

제품을 예쁘게 촬영하려고 노력하기보다 이 제품을 어떻게 활용할 수 있는지에 집중해서 보여 줬어요. 예를 들어 스티커 라벨기를 공동 구매하기 위해 집에서 아이들이 직접 스티커 라벨기를 사용해 일기 쓰는 모습을 촬영했어요. 또 영상에 꾸준히 일기 쓰는 방법을 자막으로 넣어서 아이들이 일기 쓰는 습관에 도움이 되는 숏폼을 제작했답니다.

▲ 하나쌤 스티커 라벨기 공동 구매, @homelibrary19 (출처: 인스타그램)

Q4 마지막으로 공동 구매를 하고 싶은 사람들에게 한마디 부탁드려요.

공동 구매를 시작하기 전에 '나는 팔로워들에게 어떤 가치를 줄 수 있는 사람인지 자신을 먼저 정립하는 것'이 중요해요. 내가 어떤 사람인지 정해지면 이와 관련된 숏폼을 제작할 수 있고 비슷한 가치관을 가진 사람들이 모이기 때문에 공동 구매가 쉬워질 거예요.

숏폼을 통해 제품이나 서비스를 홍보할 수 있고 숏폼 영상을 제작해서 수익화를 할 수 있다는 사실을 알게 됐습니다. 이제 내가 숏폼으로 무엇을 하고 싶은지를 생각해 보고 그것에 맞는 숏폼 주제를 찾는 방법을 알아보겠습니다.

1) 목표 정하기

숏폼을 제작해서 어떤 결과를 기대하나요? '가게 매출 증대', '브랜드 홍보' 등 다양한 결과를 기대할 겁니다. 지금처럼 숏폼을 활용해서 이루고 싶은 결과가 목표입니다.

목표가 거창할 필요는 없지만 뚜렷할수록 좋습니다. 예를 들어 '숏폼으로 나를 알린다'보다는 '1년 안에 뷰티를 검색했을 때 내 채널이 나올 수 있도록 숏폼을 제작한다'가 좋은 목표입니다. 뚜렷한 목표는 숏폼의 방향성을 설정합니다. 또 조회수가 적게 나오거나 팔로워가 빨리 늘지 않아도 버티는 힘이 됩니다.

2) 브랜딩하기

목표가 정해졌다면 각자의 목표에 맞게 '브랜딩'을 해야 합니다. 브랜딩은 단순히 로고나 채널 이름을 만드는 것이 아니라 시청자에게 전하고 싶은 가치와 메시지를 전달하는 방법입니다. 크리에이터는 시청자의 기억에 '○○을 △△하는 사람'으로 남아야 합니다. ○○은 주제에 해당하고 △△는 크리에이터 성격인 콘셉트에 해당합니다.

스스로를 잘 아는 것은 브랜딩을 하는 데 큰 도움이 됩니다. 자신의 강점, 가치관 그리고 관심사를 명확히 이해하고 있다면 이를 바탕으로 나만의 이미지를 만들 수 있습니다. 관심사와 강점을 찾을 수 있는 방법은 다음과 같습니다.

❶ 끊임없이 생각나는 일

계속 머릿속에서 떠오르는 것이 있다면 가장 좋아하는 분야일 가능성이 높습니다. 특정 주제로 자연스럽게 대화할 수 있고 무의식적으로 관련된 사진이나 글, 영상을 보고 있다면 그 일에 관심이 높다는 의미입니다.

❷ 잘한다는 칭찬을 듣는 일

스스로는 평범하게 느껴질 수 있지만 주변에서 "이걸 어떻게 알았어?"라는 반응을 듣는다면 그 분야에서만큼은 다른 사람보다 역량이 뛰어나다는 것을 의미합니다. 이런 긍정적인 피드백을 자주 받는다면 그 경험을 바탕으로 콘텐츠를 제작하는 자신감을 얻을 수 있습니다.

❸ 유튜브 알고리즘에 나타나는 영상

SNS 알고리즘은 사용자의 행동 패턴을 잘 분석합니다. 알고리즘을 통해 지속적으로 등장하는 영상이 있다면 그것이 현재 당신의 관심사와 관련이 깊습니다.

❹ 가장 많은 돈을 투자하는 일(제품)

소비 패턴을 분석하는 것은 진정한 관심사를 파악하는 데 중요한 방법입니다. 대가를 바라지 않고 순수하게 가장 많이 돈을 쓰는 것이 무엇인지 살펴보세요. 예를 들어 당신이 웹툰에 많은 돈을 쓰고 있다면 이는 재미있는 이야기나 창의적인 콘텐츠에 관심이 많다는 것을 의미합니다.

3) 숏폼 주제 정하기

자신의 관심사와 강점에 왜 흥미를 느끼는지, 어떤 경험이 있는지 기록해 보세요. 그런 다음 기록한 내용들의 공통점을 찾아보세요. 이 과정을 통해 내가 만들어야 하는 숏폼의 주제를 정할 수 있습니다. 이 방법으로 뾰족한 답을 찾지 못했다면 사람들이 관심 있어 하는 분야이면서 내가 스트레스를 받지 않고 할 수 있는 숏폼 콘텐츠 주제를 정해 보는 것을 추천합니다.

 요즘 인기 있는 숏폼 주제

1. 패션, 요리, 메이크업
2. ASMR
3. 재미
4. 리뷰

각 단계별로 깊이 고민해 보고 다음 빈칸을 채워 보길 바랍니다.

목표:

브랜딩:

숏폼 콘텐츠 주제:

☐ **목표**: 1년 안에 숏폼을 보고 강의 의뢰가 올 수 있도록 숏폼 영상 50개 제작하기

☐ **브랜딩**: 요즘 유행하는 숏폼 제작을 쉽고 재미있게 알려 주는 사람

☐ **숏폼 콘텐츠 주제**: 휴대전화로 알려 주는 숏폼 제작법

PART
2

고객을 찾아오게
만드는 숏폼 기획
마케팅 4단계

숏폼 기획 마케팅의 최종 목적은 고객이 숏폼 영상을 보고 제품을 직접 구매하거나 서비스를 이용하게 만드는 것입니다. PART 2에서는 이러한 목적을 이루기 위해 4단계의 숏폼 기획 마케팅을 소개합니다. 1단계 '고객처럼 생각하라'에서는 실제 고객의 입장이 돼 제품을 구매하는 과정을 생각해 봅니다. 2단계 '팔지 말고 베풀어라'에서는 고객이 원하는 정보를 숏폼으로 기획하는 방법을 제시합니다. 3단계 '친근하게 다가가라'에서는 고객에게 친구처럼 다가갈 수 있는 숏폼 기획법을 배워 봅니다. 4단계 '고객을 내 편으로 만들어라'에서는 고객의 신뢰를 얻을 수 있는 숏폼 기획법을 알려 줍니다. PART 2는 가장 핵심적인 파트이므로 제품이나 서비스를 판매하지 않는 사람이더라도 꼭 읽고 실천해 보세요.

01

숏폼 기획 마케팅 1단계:
고객처럼 생각하라

마케팅의 대가 '필립 코틀러(Philip Kotler)'가 제안한 5A 모델은 디지털 환경에서 고객의 구매 과정을 이해하는 데 도움을 줄 수 있습니다. 이번 단계에서는 이 모델의 개념을 사용해 숏폼 마케팅 전략을 알아보겠습니다.

▶▶ 01-1 고객은 어떻게 제품을 찾을까?

5A 모델의 첫 번째 과정인 '인지(Aware)'는 고객이 브랜드나 제품을 인지하는 단계입니다. 모든 과정은 이해를 돕기 위해 '칠순 잔치에 사용할 떡케이크 구매'를 예로 들었습니다.

1) 고객의 생각 똑똑하게 읽어내기

'칠순 떡케이크'가 필요한 고객은 숏폼 플랫폼에서 '떡케이크'를 검색합니다. 화면에는 다양한 검색 결과가 나왔지만 고객은 모든 콘텐츠를 살펴보는 것은 시간 낭비라고 생각합니다. 그래서 첫 화면에 보이는 숏폼 콘텐츠만으로 떡케이크에 관한 정보를 인지합니다. 이 과정에서는 고객이 숏폼 콘텐츠를 인지할 수 있도록 상위 노출이 전략이 필요합니다. 상위 노출을 위해서는 고객이 숏폼 플랫폼에서 사용하는 검색어인 '키워드'를 알아야 합니다.

2) 키워드를 활용한 상위 노출 전략

키워드는 그 단어가 포함된 정보를 찾기 위해 컴퓨터에 입력하는 단어입니다. 키워드는 '대표 키워드'와 '연관 키워드'로 나뉩니다. 제품명은 '대표 키워드'입니다. 연관 키워드는 상황이나 지역명 등을 결합해 사용합니다. 예를 들어 떡케이크는 '대표 키워드'이고 '칠순 떡케이크', '울산 떡케이크'는 '연관 키워드'입니다. 고객이 자주 사용하는 키워드는 키워드 분석 사이트, 유튜브의 연관 검색어 그리고 인스타그램, 틱톡의 해시태그 등을 통해 찾을 수 있습니다.

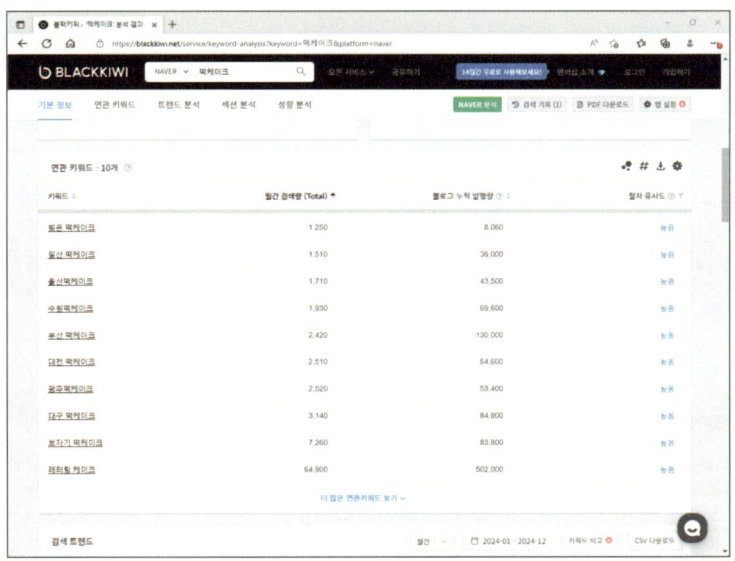

▲ 떡케이크 검색어 (출처: 블랙키위)

대표적인 키워드 분석 사이트로는 '블랙키위'가 있습니다. 블랙키위는 네이버와 구글의 키워드를 찾아 주는 사이트입니다. 키워드를 검색하면 월간 검색량과 블로그 누적 발행량에 따라 연관된 키워드를 찾아 줍니다. 이 중 나의 상황과 맞으면서 월간 검색량이 높은 키워드를 사용하길 추천합니다.

유튜브의 연관 검색어는 유튜브 검색창에 키워드를 입력했을 때 그와 관련해 나열되는 키워드입니다. 연관 검색어를 다시 검색창에 넣으면 또 다른 키워드를 얻을 수 있습니다. 예를 들어 떡케이크를 검색하면 '떡케이크 주문 제작', '떡케이크 만들기' 등의 연관 검색어가 나타납니다. 이 중 내가 원하는 떡케이크 주문 제작을 다시 검색해 '앙금플라워 카네이션', '앙금플라워 떡케이크' 등과 같은 키워드를 얻을 수 있습니다.

인스타그램과 틱톡의 해시태그는 검색창에 키워드를 넣으면 확인할 수 있습니다. 인스타그램은 태그에서, 틱톡은 해시태그 탭에서 확인할 수 있습니다.

▶ 떡케이크 태그 (출처: 인스타그램 앱)

상위 노출을 위해서는 키워드를 숏폼 콘텐츠에 활용해야 합니다. 키워드를 넣으면 제목을 만들 수 있습니다. 설명란에 키워드를 넣어 글을 작성하거나 해시태그를 사용해 콘텐츠를 올릴 수도 있습니다. 예를 들어 키워드 분석 사이트인 '블랙키위'를 통해 찾은 '울산 떡케이크', '보자기 떡케이크'라는 검색어를 '칠순 잔치 성공하는 울산 떡케이크 BEST3'라는 제목으로 바꿀 수 있습니다. 또 본문에 '떡케이크 보관법', '떡케이크 주문 제작 방법' 등과 같은 정보를 기재할 수 있습니다. 이외에 '#울산떡케이크', '#보자기떡케이크'와 같은 해시태그를 만들어 본문에 배치할 수도 있습니다.

▶▶ 01-2 고객이 매력을 느끼는 콘텐츠는 무엇일까?

5A 모델의 두 번째 과정인 '매력(Appeal)'은 고객이 브랜드를 인지한 후 제품에 대한 매력을 느끼거나 흥미를 갖는 단계입니다. 제품에 대해 호기심을 갖고 더 알아보게 만드는 방법을 알아보겠습니다.

1) 고객의 눈이 돼 콘텐츠 바라보기

검색 결과 중 칠순 잔치에 어울리는 떡케이크가 필요합니다. 그래서 칠순 잔치를 빛내 줄 수 있는 숏폼 콘텐츠를 선택해 시청합니다. 고객에게 선택받기 위해서는 매력적인 숏폼 콘텐츠로 보이는 전략이 필요합니다.

고객은 여러 개의 숏폼 콘텐츠들을 시청하면서 각 떡케이크의 디자인, 맛, 가격 등을 살펴봅니다. 그러다 마음에 드는 떡케이크 숏폼 콘텐츠를 발견합니다. 이 과정에서는 숏폼으로 정보를 효과적으로 전달하는 전략이 필요합니다. 이는 숏폼 스토리텔링 기법으로 해결할 수 있습니다. 이 내용은 숏폼 기획 마케팅 2단계에서 자세하게 다룹니다.

고객은 필요한 제품을 구매하기 위해 숏폼 콘텐츠를 검색하기도 하지만 숏폼을 시청하다가 제품이나 새로운 장소에 관심을 가질 때도 있습니다. 이 때는 시청한 영상에서 '인지(Aware)'와 '매력(Appeal)'이 동시에 이뤄집니다.

2) 화면에서 눈길을 사로잡는 비법

화면에서 숏폼 콘텐츠가 매력적으로 보이기 위해서는 섬네일과 제목, 첫 2초를 신경 써야 합니다. 섬네일은 숏폼 콘텐츠를 재생하기 전에 보이는 대표 사진입니다. 복주머니 떡케이크에서 돈이 나오는 장면처럼 과정이 궁금해지는 섬네일을 사용해야 합니다.

제목은 흥미를 유도하는 메시지로, '사장님 이렇게도 가능할까요?'와 같이 고객의 호기심을 자극해야 합니다. 첫 2초는 숏폼을 계속 시청할 것인지를 결정하는 데 사용되는 중요한 시간입니다. 화려한 편집으로 꽃이 완성된 앙금꽃 떡케이크로 변하는 모습을 보여 주어 시선을 끌거나 완성된 예쁜 떡케이크를 여러 가지 각도로 짧게 보여 주어 기대감을 자아내는 것이 좋습니다.

▲ 섬네일, 제목 예시, @rimpd (출처: 유튜브)

▶▶ 01-3 고객은 어떤 기준으로 물건을 구매할까?

이제 제품에 대한 정보를 찾기 위해 적극적으로 행동합니다. 고객은 제품이 자신의 기준에 맞는 제품인지 '질문(Ask)'합니다. 고객의 질문을 예측하고 그에 맞는 전략은 무엇인지 살펴보겠습니다.

1) 고객의 입장에서 내 채널 바라보기

고객이 마음에 드는 떡케이크 숏폼 콘텐츠를 발견하면 해당 채널(계정)에 접속해 다른 숏폼 콘텐츠를 살펴보면서 제품을 평가합니다. 이와 더불어 판매자(제작자)가 믿을 만한 사람인지, 제품은 잘 만들어졌는지 등을 알아보기 위해 숏폼 콘텐츠뿐 아니라 판매자가 작성한 글, 프로필의 소개 문구 등도 살펴봅니다. 따라서 고객이 채널(계정)을 살펴볼 때 궁금해하는 질문을 파악해 답을 줄 수 있는 콘텐츠를 만드는 전략이 필요합니다.

2) 고객의 질문을 예측하는 숏폼 콘텐츠 기획 전략

Q1 이 계정의 주인은 제품의 실제 판매자인가?

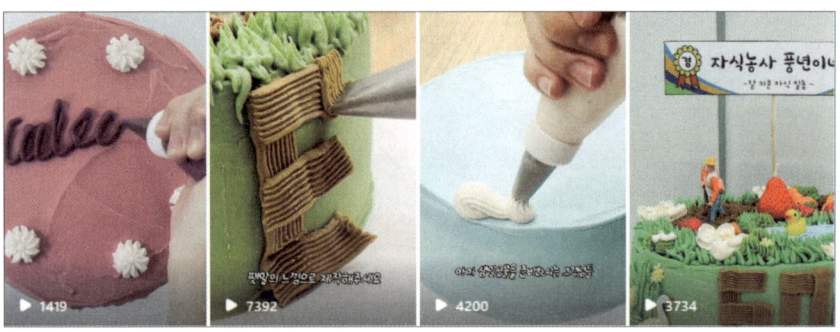

▲ 앙티크, @angtiquo (출처: 인스타그램)

고객이 해당 채널(계정)에 접속했을 때 떡케이크와 관련 없는 영상이 많다면 그 계정에 대한 신뢰도가 떨어집니다. 따라서 일관된 주제의 숏폼 콘텐츠를 제공해 고객에게 믿음을 주어야 합니다.

Q2 제품 구매 후 어떤 경험을 할 수 있을까?

고객은 리뷰를 통해 케이크를 구매했을 때 어떤 경험을 할 수 있는지를 상상합니다. '위암인 엄마가 극찬한 칠순 잔치 떡케이크'처럼 고객의 경험을 에피소드화해 볼 수 있습니다. 에피소드로 숏폼을 기획하는 법은 '숏폼 기획 마케팅 4단계: 고객을 내 편으로 만들어라'에서 다룹니다.

Q3 제작자(판매자)가 제품 관련 지식이 충분한기?

고객은 잘 만들어진 제품인지, 신체에 유해하지는 않은지 등 전문성과 안전에 관련된 질문을 합니다. 그래서 제작자(판매자)가 전문가라는 것을 보여줘야 합니다. 전문가로 보이는 콘텐츠는 '정보성 숏폼 콘텐츠'입니다. 기획법은 '숏폼 기획 마케팅 1단계: 고객처럼 생각하라'에서 다룹니다.

Q4 제품을 만드는 과정은 청결한가?

고객은 떡케이크 제작 과정 숏폼 콘텐츠에서 제작법 이상의 것을 파악합니다. 사용하는 재료를 보며 신선함을 파악하고 사용하는 도구와 매장의 환경을 보며 청결도를 확인합니다. 숏폼 콘텐츠를 제작할 때 고객이 주방에 있다고 생각하고 깨끗한 환경에서 촬영해 보세요. 이를 통해 고객은 안심하고 제품을 구매할 수 있습니다.

판매자나 제작자의 인성은 결국 제품을 대하는 태도와 직결됩니다. 고객은 시청자가 숏폼 콘텐츠에 작성한 댓글에 대한 답글을 꼼꼼히 살펴봅니다. 신뢰를 주기 위해 진상 고객의 문제를 해결한 과정을 숏폼 콘텐츠로 제작하는 것은 마인드를 보여 주는 좋은 방법입니다.

▶▶ 01-4 고객이 제품을 구매할 때 필요한 것은 무엇일까?

제품에 대한 정보를 충분히 얻고 궁금증이 해소된 고객은 구매를 위한 '행동(Act)'을 합니다. 이것이 네 번째 과정입니다. 고객이 보다 쉽게 구매하기 위해서는 무엇을 신경 써야 할까요?

1) 구매를 생각하고 행동하기

채널(계정)에 있는 다양한 정보를 통해 해당 떡케이크에 관한 신뢰감이 형성됐다면 고객은 구매를 위해 계정 프로필에 있는 링크나 숏폼 영상에 연결된 구매 링크를 클릭하게 됩니다. 이때 숏폼 콘텐츠를 제작하는 것만큼 중요한 것은 직관적으로 이해할 수 있는 구매 경로 또는 방문 경로입니다.

2) 구매 최적화 전략

예약 주문을 해야 하는 제품이라면 프로필 링크를 눌렀을 때 예약 화면 또는 카카오톡 채팅 문의 페이지로 연결돼야 합니다. 바로 주문이 가능한 제품이라면 프로필 링크를 통해 구매 링크로 넘어갈 수 있는 화면이 제공돼야 합니다. 또 방문해야 하는 매장이라면 프로필 링크를 클릭했을 때 가게의 주소와 운영 시간이 명시된 정보가 나타나야 합니다.

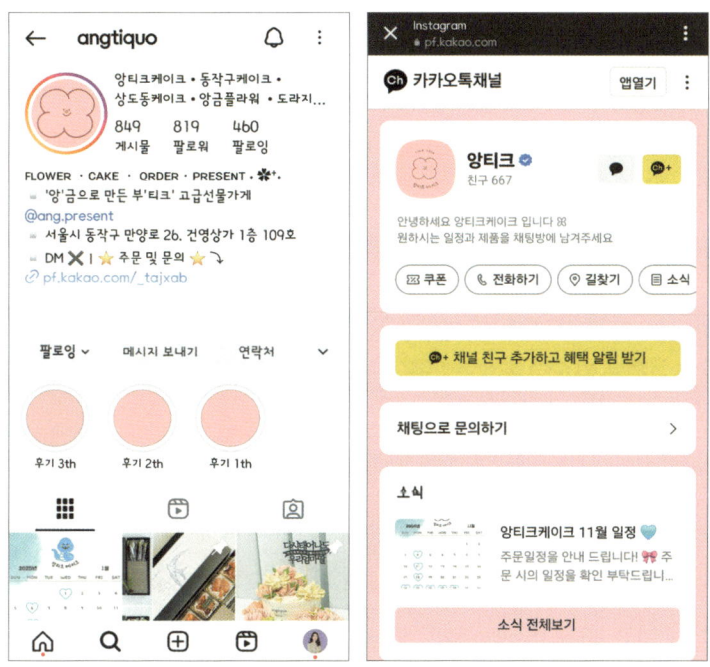

▲ 앙티크, @angtiquo (출처: 인스타그램)

▶▶ 01-5 고객은 제품 사용 경험을 어떻게 평가할까?

'옹호(Advocacy)'는 고객이 제품에 대한 긍정적인 경험을 바탕으로 친구나 가족에게 추천하는 과정입니다. 고객의 옹호는 신규 고객 유치에 중요한 역할을 합니다. 숏폼 마케팅 전략에서도 반드시 활용해야 합니다.

1) 별점 5점 리뷰 작성하는 고객이 되어 보기

칠순 잔치가 성공적으로 끝났다면 떡케이크에 대한 만족도는 최상일 것입니다. 고객은 어른들이 떡케이크를 보고 칭찬했던 경험, 떡케이크 디자인이 예뻐 사진이 잘 나왔던 경험 등을 SNS에 공유하거나 구매한 계정의 콘텐츠에 댓글을 남겨 다른 소비자들에게 추천할 수 있습니다. 마지막 과정에서는 고객이 SNS에 자발적으로 긍정적인 평가를 남길 수 있는 마케팅 전략이 필요합니다.

2) 만족한 고객을 활용한 마케팅 전략

좋은 후기로 다른 고객을 유치하는 동시에 재구매를 유도하는 전략을 펼쳐야 합니다. 예를 들어 지인 추천을 할 때마다 포인트나 할인 쿠폰을 제공해서 쿠폰을 사용하고 싶게 만듭니다. SNS에 리뷰를 남겼을 때 다른 떡을 서비스로 주어 다른 제품도 판매하고 있다는 것을 알려 줄 수 있습니다. '이 달의 리뷰왕'을 뽑아 떡케이크를 선물로 주는 것도 좋은 방법입니다.

숏폼 기획 마케팅 2단계:
팔지 말고 베풀어라

고객의 생각을 통해 제작해야 할 콘텐츠가 명확해졌습니다. 숏폼 기획 마케팅 2단계부터 4단계까지는 각각의 콘텐츠에 맞는 기획법을 알아봅니다. 이번 단계에서는 기획법을 가장 자세히 다루므로 꼭 이해하고 넘어가길 바랍니다.

▶▶ 02-1 정보성 숏폼 기획 1:
내 상품을 구매해 줄 고객 캐릭터 설정하기

마케팅 전략을 효과적으로 수립하기 위해서는 단순히 '많은 사람'보다는 '내 제품을 구매해 줄 고객'을 설정해야 합니다. 이와 마찬가지로 숏폼 콘텐츠에서도 명확한 타깃이 되는 고객 캐릭터 설정이 필요합니다.

1) 나의 고객은 누구일까?

숏폼을 시청하다 제품을 구매하는 사람은 평소 그 제품에 관심이 있던 시청자입니다. 제품과 연관된 숏폼 콘텐츠의 정보가 도움이 되는 사람도 이 시청자층에 속합니다. 이 시청자층에 속하는 사람을 '타깃 시청자' 또는 '고객'이라고 부릅니다.

예를 들어 마카오 여행에 관련된 숏폼 콘텐츠를 보고 마카오 여행 상품을 구매하는 사람은 평소에 여행에 관심이 있던 사람입니다. '여행자 보험', '해외 여행 시 신경 써야 할 것', '마카오에서 꼭 먹어야 할 음식 BEST3'와 같은 숏폼 콘텐츠를 보고 도움이 된다고 느끼는 사람도 여행에 관심이 있는 사람입니다. 따라서 여행에 관심이 있는 사람이 고객입니다.

고객 캐릭터 이미지는 상세하게 생각할수록 효과적입니다. 앞의 예를 이어서 생각해 보면 단순히 여행에 관심 있는 사람이 아닌 마카오 여행에 관심이 있는 사람을 타깃으로 하는 것이 좋습니다. 이런 식으로 고객 캐릭터를 하나씩 자세하게 만들어 나가는 것이 중요합니다. 다음부터 설명하는 고객 캐릭터를 만드는 과정의 예시를 참고해 내 숏폼의 타깃이 될 캐릭터 이미지를 구체화해 봅시다.

2) 여행을 가는 고객 캐릭터 세분화하기

여행은 남녀노소 누구나 즐길 수 있지만 다양한 여행 방법이 존재합니다. 주로 함께 가는 사람, 예산, 여행 유형, 나이에 따라 나눌 수 있습니다. 우선 함께 가는 사람에 따라 가족과 함께 가는 여행, 친구와 함께 가는 여행, 혼자 가는 여행으로 나눌 수 있습니다. 가족 여행은 부부만 가는 여행, 부모님과 함께 가는 여행, 자녀와 함께 가는 여행 등 가족원의 특성에 따라 다양하게 나눌 수 있습니다. 친구와 함께 가는 여행은 연인과 함께 가는 여행, 동창들과 가는 여행, 친한 친구들과 가는 여행 등으로 나눌 수 있습니다. 여행 유형은 여러 장소를 구경하는 것을 좋아하는 '관광형', 쉼을 중시하는 '휴식형', 활발한 활동을 하고 새로운 문화를 체험하는 '체험형'으로 나뉩니다.

예산에 따라 묶는 숙소와 먹는 식사가 달라질 수 있습니다. 또 20대에 떠나는 여행과 50대에 떠나는 여행이 다릅니다. 이렇듯이 같은 여행이라도 누구와 함께 가는지, 예산은 어느 정도 되는지 등 상황에 따라 필요한 여행 정보가 달라집니다. 다음과 같이 분류해 보면 내 타깃이 되는 고객이 명확해집니다.

▌ [예시] 여행 고객 캐릭터 세분화

주제	여행											
고려 요소	동반인						예산			여행 유형		나이
상세 요소	가족			친구			없음	여유	가성 비	관광	휴식	체험	
	부부	부모님	자녀	연인	동창	친한						

하룻밤 숙박료가 50만 원인 독채 키즈 펜션을 운영하는 사장님은 이 중 어떤 고객을 타깃으로 숏폼을 만들어야 할까요? 고객 캐릭터 설정 가이드를 활용해 다음과 같이 고객의 특성을 정리할 수 있습니다.

- **성별:** 7살 이하의 자녀를 둔 부모
- **나이:** 30대 중반에서 40대 초반
- **직업:** 직장인, 자영업자
- **성향:** 자녀를 위한 다양한 체험을 중요하게 생각함
- **예산:** 여유 있음
- **고민:** 아이들의 놀이 공간, 가성비 있는 여행

3) 피부 관리실을 이용하는 고객 캐릭터 세분화하기

피부 관리실은 다양한 고민을 가진 고객들이 찾습니다. 고객은 성별, 나이 고민, 성향에 따라 분류할 수 있습니다. 성별은 남성과 여성으로 구분할 수 있습니다. 나이는 크게 10대 청소년과 20~40대 성인, 50대 이상의 시니어로 나뉩니다.

고객의 고민은 크게 피부, 비만, 교정으로 나눌 수 있습니다. 피부 관리에는 '여드름 피부', '주름이 생긴 노화된 피부' 그리고 '미백'이 포함됩니다. 비만 관리는 신체 부위별로 '하체', '상체', '복부', '전신' 등으로 나뉩니다. 교정은 임신으로 인해 몸이 틀어져서 받는 '산전 관리', 출산 후 틀어진 몸을 회복하는 '산후 관리' 그리고 일상생활에서 몸이 틀어져서 교정이 필요한 경우로 나눌 수 있습니다. 또 고객의 성향으로 나눈다면 기존에 알고 있는 시술만 원하는 '안전 추구형'과 새로운 시술에 도전하는 '도전형'으로 나눌 수 있습니다.

▌ [예시] 피부 관리실 고객 캐릭터 세분화

주제	피부 관리																	
고려 요소	성별			나이			고민										성향	
상세 요소	여성		남성	10대	20~40대	50대 이상	피부			비만				교정			안전 추구	도전
	일반	임산부					여드름	노화	미백	상체	하체	복부	전신	산전	산후	일반		

초·중등 학원이 많은 건물에서 피부 관리실을 운영하는 원장님은 다음과 같은 고객을 타깃으로 만들어 볼 수 있습니다.

076 ✦ 팔로워 없이도 수익을 만드는 **숏폼 마케팅 with 캡컷**

- **성별:** 여성
- **나이:** 초·중등 자녀를 둔 30대 초반~40대 후반
- **직업:** 주부 또는 직장인
- **성향:** 안전 추구형
- **예산:** 가성비
- **고민:** 푸석해진 피부, 복부 비만, 자녀의 여드름

　여행과 피부 관리실의 예시처럼 고객의 캐릭터 설정은 나의 주제에서 나올 수 있는 모든 대상을 성별, 나이 고민, 성향 등으로 분류하고 내 제품이 필요한 고객 또는 내 정보가 도움이 될 고객의 특성을 구체화합니다. 다음 표를 참고해 나만의 고객 캐릭터 설정 표를 채워 봅시다.

▌ **나만의 고객 캐릭터 설정 표**

나의 분야/상품	
고객 성별	
고객 나이	
고객 직업	
고객 예산	
고객 고민	
고객 성향	

▌ **[예시] 나만의 고객 캐릭터 설정 표**

나의 분야/상품	예 화장품, 책, 여행 정보, 상품 리뷰, 생활 정보, 의학 정보 등
고객 성별	예 여성, 남성 등
고객 나이	예 10대, 20대, 30대, 40대, 50대, 60대 등
고객 직업	예 전업주부, 사회 초년생, 5년 차 직장인, 프리랜서, 자영업 등
고객 예산	예 프리미엄, 가성비, 무조건 싸게 등
고객 고민	예 비만, 체력 부족, 시간 부족 등
고객 성향	예 안전 추구형, 모험형, 휴식형, 관광형 등

고객의 캐릭터를 설정한 후에는 고객이 궁금해하는 정보를 찾아야 합니다. 고객에게 맞는 정보를 찾기 어렵다면 고객의 시간과 돈을 절약할 수 있는 정보를 찾아보세요.

1) 고객이 좋아하는 전문가되기

한 분야의 학위나 자격증을 취득했거나 그 분야의 책을 출판한 사람을 전문가라고 표현합니다. 그러나 숏폼 시청자들은 내가 원하는 정보를 숏폼 콘텐츠로 쉽게 알려 주는 사람을 전문가라고 생각합니다.

제작자(크리에이터)의 입장에서는 어렵게 알아낸 정보를 무료로 제공한다는 것 자체가 어렵게 느껴질 수 있습니다. 하지만 시대가 변했습니다. 스스로 전문가라고 외쳐도 고객의 관심을 끌지 못합니다. 그런데 정보는 인터넷을 통해 쉽게 접근할 수 있습니다. 나의 비밀 핵심 레시피를 모두 공개하라는 것이 아닙니다. 때로는 전문가들이 기본이라 생각하는 상식이 시청자에게는 어려운 지식이 될 수 있습니다. 그러므로 이론이 아닌 삶에서 체득한 지혜, 실제

경험해 보고 알게 된 꿀팁, 방대한 지식을 알기 쉽게 가공한 정보성 숏폼 콘텐츠를 제작해야 합니다.

2) 고객 맞춤 정보 찾기

가공한 정보성 콘텐츠라도 고객에 맞춘 정보가 아니라면 나와 상관없는 정보가 됩니다. 예를 들어 나의 분야는 여행이고 고객 캐릭터는 7살 이하의 어린 자녀를 둔 가족으로 설정해 보겠습니다. 이 고객에게 SRT 경로 우대 할인은 의미 없는 정보입니다. 하지만 7살 어린 자녀도 있으면서 65세 이상의 할머니, 할아버지도 함께 사는 가족이 캐릭터라면 의미 있는 정보입니다.

따라서 캐릭터의 특징에 맞게 그들에게 도움이 될 만한 정보를 찾으면 됩니다. 7살 어린 자녀가 있는 고객에게 필요한 정보는 '어린이 친화적인 숙소', '가격 대비 만족스러운 맛집 정보', '아이들이 놀 수 있는 공간이 있는 관광지'입니다. 이와 같은 방법으로 나의 분야와 고객 캐릭터의 특징을 고려해 필요한 정보를 생각해 보길 바랍니다.

- **나의 분야:**
- **고객 캐릭터의 특징:**
- **필요한 정보:**

▌ [예시]

- **나의 분야:** 여행
- **고객 캐릭터의 특징:** 7살 이하의 어린 자녀를 둔 부모, 30~40대 초반
- **필요한 정보:** 어린이 친화적 숙소, 가격 대비 만족스러운 맛집 정보, 아이들이 놀 수 있는 공간이 있는 관광지

3) 정보의 빈칸을 채워 줄 숏폼 아이디어

고객에게 필요한 정보가 떠오르지 않을 수 있습니다. 이럴 땐 숏폼 아이디어를 이용해 정보를 찾아보세요. 숏폼 아이디어는 크게 '추천', '방법', '진실', '시기'로 나뉩니다.

▎ 숏폼 아이디어

추천	방법	진실	시기
사이트 책 어플 장소 장비 계정	요약 해결책 정리 다양한 활용 사용법	구매 후기 사용 후기 팩트 체크	트렌드 계절성 유행 이슈 국경일

첫 번째 숏폼 아이디어인 '추천'은 도움이 될 만한 사이트, 책, 어플, 장소, 장비, 계정 등을 알려 주는 것입니다. 대부분의 정보는 믿을 만한 사람의 추천에서 시작됩니다. 추천 아이디어는 시청자들이 저장을 가장 많이 하는 정보성 숏폼 주제이므로 꼭 활용하길 바랍니다.

두 번째 숏폼 아이디어인 '방법'은 요약, 해결책, 정리, 다양한 활용, 사용법 등을 알려 주는 것입니다. 대량의 정보를 보기 좋게 요약하거나 생각지도 못한 활용도를 알려 주는 정보성 숏폼으로, '좋아요'가 많은 주제입니다.

세 번째 숏폼 아이디어인 '진실'은 구매 후기, 사용 후기, 팩트 체크 등입니다. 앞서 강조했듯이 고객이 숏폼에서 보고자 하는 것은 '경험'입니다. 실제 제품을 구매했을 때 사람들의 리뷰, 제품에 비해 비싸다고 느껴지는 제품의 성분을 체크하는 진실과 관련된 정보성 숏폼은 시청자에게 신뢰감을 줍니다.

마지막 숏폼 아이디어는 트렌드, 계절성, 유행, 이슈, 국경일과 같은 '시기'입니다. 시기에 맞는 정보성 숏폼은 사람들의 관심사가 집중돼 '조회수'가 늘어납니다. 이 숏폼 아이디어에 맞춰 콘텐츠를 생각해 보면 정보가 무한대로 나올 수 있습니다.

인터넷으로 검색하면 표를 보다 수월하게 채워 넣을 수 있습니다. '추천'과 '방법'은 '주제+사이트', '주제+사용법'으로 검색하는 것입니다. '진실'은 같은 주제의 유튜브 영상에서 시청자들이 쓴 댓글을 참고하거나 우리 상품을 이용하는 사람들의 리뷰, 고객이 문의한 내용을 실험한 결과로 찾을 수 있습니다. '시기'는 인터넷에 '마케팅 캘린더'를 검색하면 해당 시기의 공휴일과 이벤트, 테마가 나타납니다. 이들 중 홍보하고 싶은 제품이나 알리고 싶은 정보에 맞는 것만 골라 사용하면 됩니다.

이제 온라인에 있는 다양한 정보를 바탕으로 다음 표를 채워 보길 바랍니다. 숏폼 콘텐츠 아이디어가 없을 때마다 다음 표를 새로 작성해 보세요.

추천	방법	진실	시기

▌[예시 1] 어린 자녀와 함께하는 가족 여행 고객

추천	방법	진실	시기
아기 의자가 있는 식당	강원도 키즈 펜션 요약	해외에서 아기 이유식	여름 방학 여행 팁
여행 할인 쿠폰받는 어플	아이 여권 사진을 셀프로 촬영하는 방법	10개월 아기와 비행기 타기	크리스마스 테마파크 추천
아이와 여행 시 꼭 챙겨야 할 것	장시간 운전 시 아이와 해 줄 수 있는 놀이	3세, 5세 아이 가족 여행 현실 비용	아이와 즐기는 불꽃 축제 명당
놀이터가 있는 박물관	연령별 카시트 활용법		

추천	방법	진실	시기
SRT 경로 우대 할인	한국인도 좋아하는 현지 음식점 요약	부모님과 해외 자유 여행 후기	사람 없는 추석 여행지
해외 여행 시니어용 할인 카드	비행기 좌석을 편하게 변경하는 법	지역 맛집 진실	여름 피서지
65세 이상 무료 입장 여행지	액티비티와 휴식이 가능한 여행 방법	온천 가족탕 청결	벚꽃 개화 시기
효도 여행 코스	가족 여행 사진 포즈		

▶▶ 02-3 정보성 숏폼 기획 3: 고객의 진짜 고민을 찾는 핵심 메시지 찾기

고객에게 필요한 정보는 검색이나 경험을 통해 알 수 있습니다. 하지만 고객의 진짜 고민은 그 고객과 깊은 대화를 나눠 본 사람만이 알 수 있습니다. 다양한 예시를 통해 고객의 고민 속에서 핵심 메시지를 찾아보겠습니다.

1) 어린 자녀를 포함한 3대가 함께 가는 여행 고객

❶ 고객의 고민

첫 번째 고민은 '아이들의 놀이 공간 부족'입니다. 여행지에서 아이들이 안전하게 놀 수 있는 공간이 부족할 경우, 여행이 지루해질까봐 걱정합니다. 에너지가 넘치는 아이들이 만족스럽게 놀지 못하면 가족 모두의 여행 경험이 불만족스러워질 수 있습니다. 이러한 상황에서 부모들은 아이들이 즐겁게 놀 수 있는 다양한 놀이 시설을 찾지만 정보가 부족해 답답함을 느낍니다.

두 번째 고민은 '부모의 휴식 시간 부족'입니다. 부모는 자녀가 놀고 있는 동안 자신도 편안히 쉴 수 있는 공간을 원합니다. 그러나 많은 여행지는 부모가 쉴 수 있는 편안한 공간이 부족하거나 아이의 안전을 걱정해야 하므로 마음 놓고 쉴 수 없는 경우가 많습니다. 이로 인해 여행 자체가 스트레스로 변할 수 있습니다.

세 번째 고민은 '가성비 높은 여행 선택'입니다. 한정된 예산 내에서 최대한의 만족을 추구해 할인 혜택이나 패키지 상품을 활용하려고 합니다. 하지만 정보가 부족하거나 선택지가 한정적이라서 고민이 깊어집니다. 결국 비용 대비 만족도가 낮아지는 상황이 발생할 수 있습니다.

❷ 고객이 진짜 원하는 것

부모들은 단순히 여행지를 선택하는 것이 아니라 가족 모두가 즐길 수 있는 안전하고 편안한 환경을 원합니다. 아이들이 마음껏 놀 수 있는 공간과 부모가 쉴 수 있는 여유를 동시에 찾고 있습니다.

❸ 핵심 메시지

첫 번째 핵심 메시지는 아이들이 지루할 틈 없이 마음껏 놀 수 있는 안전하고 다양한 놀이 공간이 제공되는 여행지입니다. 두 번째 핵심 메시지는 가족 모두 만족스러운 여행을 즐길 수 있는 공간입니다. 세 번째 핵심 메시지는 경제적으로 만족스러운 여행을 계획할 수 있는 가성비 높은 패키지 상품입니다.

2) 청소년기 자녀를 둔 피부 관리실 고객

❶ 고객의 고민

첫 번째 고민은 '여드름 관리의 어려움'입니다. 사춘기에 접어든 자녀들은 여드름 문제로 큰 스트레스를 받습니다. 부모들은 여드름을 완화할 수 있는 세안제를 구입해 주지만 자녀가 귀찮아하거나 소홀히해서 관리가 제대로 이뤄지지 않는 경우가 많습니다. 이러한 상황에서 부모는 자녀의 피부 문제가 해결되지 않아 답답함을 느낍니다.

두 번째 고민은 '자신의 푸석해진 피부와 복부 비만'입니다. 바쁜 일상 속에서 자신을 돌보는 시간이 부족해 피부 관리가 소홀해지고 간식이나 불규칙한 식습관으로 인해 체중이 증가하는 경우가 많습니다. 엄마들은 자녀에게 건강한 습관을 가르치고 싶지만 자신이 먼저 건강을 관리하지 못하는 상황을 안타까워합니다.

마지막 고민은 '어떤 방법이 체중 관리에 가장 효과적인지에 대한 정보가 부족하다고 느끼고 있는 것'입니다. 다양한 제품과 방법이 넘쳐나지만 어떤 것이 자신과 자녀에게 적합한지 판단하기 어려운 상황입니다. 엄마들은 최선의 선택을 하고 싶지만 선택의 폭이 넓어 고민이 깊어집니다.

❷ 고객이 진짜 원하는 것

엄마들은 단순히 제품을 구매하는 것이 아니라 자신과 자녀의 피부 건강과 체중 관리를 효과적으로 도와줄 수 있는 실질적인 방법을 원합니다. 또 자신이 먼저 건강한 습관을 기르고 이를 자녀에게 전달하고 싶어 합니다.

❸ 핵심 메시지

첫 번째 핵심 메시지는 청소년기 자녀를 위한 안전하고 효과적인 여드름 관리 제품입니다. 두 번째 핵심 메시지는 짧은 시간 안에 효과적으로 푸석해진 피부를 회복할 수 있는 수분 관리 프로그램입니다. 마지막 핵심 메시지는 간단한 복부 비만 운동과 체형을 개선할 수 있는 마사지입니다.

3) 20대 중반 샐러드 가게 고객

❶ 고객의 고민

첫 번째 고민은 '시간과 비용의 압박'입니다. 일과 사회생활 등으로 바쁜 일상을 보내며 건강한 식사를 챙기기 어렵습니다. 이러한 상황에서 간편하게 섭취할 수 있는 영양가 있는 식품을 찾지만 어떤 제품이 좋은 제품인지 판단하는 데 어려움을 겪습니다. 따라서 고객은 가격 대비 품질이 좋은 건강 식품에 관심이 많습니다.

두 번째 고민은 '체중 관리의 스트레스'입니다. 잦은 야식과 군것질 때문에 늘어나는 체중이 고민입니다. 체중이 늘어나면서 자신감이 떨어지고 이를 해결하기 위한 운동이나 식단 조절이 번거롭고 힘들게 느껴집니다.

마지막 고민은 '지속 가능한 건강 관리'입니다. 단기적인 다이어트가 아닌, 지속적으로 건강한 식습관을 유지하고 싶어 합니다. 그러나 바쁜 일상 속에서 지속적으로 관리할 수 있는 방법이 부족하다는 점에 답답함을 느끼고 있습니다. 특히, 건강한 간식이나 식사 대용품을 찾는 데 있어 선택지가 한정적이라는 점에서 불만이 쌓입니다.

❷ 고객이 진짜 원하는 것

20대 중반의 고객들은 단순히 가성비 높은 제품만을 찾는 것이 아니라 시간과 노력을 최소화하면서도 건강을 챙기고 싶어 합니다. 또 이들은 쉽게 구할 수 있고 맛있고 영양가 있는 제품을 원합니다.

❸ 핵심 메시지

첫째, 바쁜 일상 속에서도 쉽게 구할 수 있는 간편하고 경제적인 단백질 셰이크입니다. 둘째, 시간을 절약하면서도 영양가 있으며 편의점에서도 간편하게 즐길 수 있는 다이어트 식사의 조합입니다. 마지막으로 경제적인 가격으로 구입 가능한 신선하고 가성비 좋은 샐러드 가게 이용입니다.

4) 고객의 고민과 핵심 메시지 찾아보기

❶ 고객의 입장에서 생각하기

위 예시처럼 내가 정한 타깃인 고객의 입장이 되어 그들의 고민을 좀 더 깊이 이해해 봅니다. 이를 바탕으로 내가 정한 주제의 고민이 해결되지 않아 무엇이 힘들었고 어려웠을지 생각해 봅니다. 그다음 그들의 행동을 분석해 진짜로 무엇을 원하는지 알아봅니다. 이 내용들을 조합하면 시청자의 답답한 마음을 해소해 주는 핵심 메시지를 찾을 수 있습니다.

❷ 고객을 직접 만나기

고객의 입장이 되어 생각하는 것이 어렵다면 고객 캐릭터로 잡은 사람과 대화를 나눠 보세요. 필자가 다양한 분야의 숏폼을 막힘 없이 기획할 수 있었던 것은 다양한 분야의 사람과 대화를 나눠 봤기 때문입니다. 지인 중에서 찾기 힘들다면 설문 조사를 해 보는 것도 좋은 방법입니다.

이제 예시를 참고해서 나의 고객에 맞게 다음 내용을 채워 보세요.

> - **고객(타깃):**
> - **고객의 고민:**
> - **고객이 진짜 원하는 것:**
> - **핵심 메시지:**

- **고객(타깃):** 부모님과 함께하는 가족 여행
- **고객의 고민:** 부모님이 편안하고 만족스러운 여행, 다른 가족의 만족도, 관광지 정보
- **고객이 진짜 원하는 것:** 부모님과의 소통, 가족 모두가 만족할 수 있는 여행, 부모님이 지인에게 자랑하고 싶은 분위기 좋은 명소 정보
- **핵심 메시지:** 편안한 휴식 공간, 가족 모두가 만족하는 일정, 분위기 좋은 명소(핫플)

▶▶ 02-4 정보성 숏폼 기획 4: 카피 문구를 활용해 콘텐츠 제목 만들기

고객에게 맞는 정보와 핵심 메시지를 찾아냈다면 그다음은 콘텐츠 제목을 만들 차례입니다. 숏폼 콘텐츠의 제목은 시청자의 관심을 끌고 클릭을 유도하는 중요한 요소로 작용합니다.

1) 언어의 마법 카피 문구 살펴보기

숏폼에서는 첫 장면에 '뭐? 아침을 먹으면 일찍 죽는다고?' 또는 '다이소에서 꼭 사야 하는 제품 추천!'과 같이 관심을 끄는 문구를 사용합니다. 이 콘텐츠 제목은 카피라이팅 기술을 사용해 만듭니다.

간다 마사노리, 기누타 준이치는 『무조건 팔리는 카피 단어장』에서 "카피라이팅은 팔리지 않아서 바닥까지 내려간 자신감을 어떤 것이든 팔 수 있다는 압도적인 자신감으로 바꾸는 기술이다."라고 설명합니다. 카피라이팅은 우리의 생각을 정리해 시청자들을 한 번에 집중시킬 수 있는 강력한 문구를

만들어 줍니다. 많은 카피 문구 중 숏폼에서 검증된 카피 문구 15개를 추천합니다.

▍카피 문구

정보 제공형	강조형	질문형
꼭 알아야 할 꿀팁 BEST 필수 돈 벌 수 있는	품절 클래스가 다른 100% 성공 상상 그 이상 N초 만에	나만 모르는 안 되는 이유 모르면 망하는 ○○ ?

정보 제공형 문구인 '꼭 알아야 할', '꿀팁', 'BEST', '필수', '돈 벌 수 있는'은 시청자에게 유용한 정보를 제공할 것임을 암시해 클릭을 유도합니다. 강조형 문구인 '품절', '클래스가 다른', '100% 성공', '상상 그 이상', 'N초 만에'는 시청자에게 강력한 인상을 남깁니다.

질문형 문구는 제목의 키워드 부분에 ○○을 넣거나 물음표를 추가해 질문 형식으로 변형할 수 있습니다. 부정적인 문구인 '나만 모르는', '안 되는 이유', '모르면 망하는'은 지금 보지 않으면 손해가 될 것 같은 생각이 들게 만듭니다.

콘텐츠 제목을 처음 만들어 본다면 정보 제공형 문구와 강조형 문구를 먼저 사용해 보는 것이 좋습니다. 이 문구들에 익숙해졌다면 문장을 질문형으로 변형해 보길 추천합니다.

2) 카피라이팅 연습하기

콘텐츠 제목 = 카피 문구 + 정보 + 핵심 메시지

이 공식을 활용해 몇 가지 예를 들어 보겠습니다.

아이폰 16

아이폰 16을 판매하는 사람은 고객이 아이폰 16의 사용법이 궁금하다고 생각합니다. 그래서 아이폰 16의 좋은 점을 강조해 한 개라도 더 판매하고 싶습니다(정보). 하지만 고객은 그 이야기를 다 들어 줄 시간이 없습니다. 따라서 빠르게 새로 바뀐 부분만 알고 싶어 합니다(핵심 메시지). 여기에 '이 정보가 도움이 된다.'라는 '꿀팁'(카피 문구)을 조합하면 '신제품 아이폰 16 꿀팁'이라는 콘텐츠 제목이 완성됩니다. 또 강조를 의미하는 'N초 만에'(카피 문구)를 사용하면 '30초 만에 아이폰 16 신기능 알아보기'라는 콘텐츠 제목이 완성됩니다.

모태 솔로가 연애하는 법

모태 솔로를 타깃으로 연예에 관련된 숏폼을 만든다면 연애를 시작할 수 있는 방법을 알려 줄 것입니다(정보). 그런데 모태 솔로들은 책이나 영화에서만 보던 뜬구름 잡는 연애 방법이 아닌 진짜 연애 조언이 필요합니다(핵심 메시지). 여기에 '소중한 시간을 줄여 주는'(카피 문구)을 조합하면 '당신의 소중한 시간을 줄여 주는 찐 연애 조언'이라는 콘텐츠 제목이 완성됩니다. 또 '꼭 알아야 할'(카피 문구)을 조합하면 '모태 솔로라면 꼭 알아야 할 찐 연애 조언'이라는 콘텐츠 제목이 완성됩니다.

[예시] 카피 라이팅을 이용한 콘텐츠 제목

정보	핵심 메시지	카피	콘텐츠 제목
아이폰 16 사용법	새로 바뀐 부분이 알고 싶다	꿀팁	신제품 아이폰 16 꿀팁
알레르기 비염약	환절기에 더 힘들다	필수	환절기 필수! 알레르기 비염약 추천

신입 사원 매너	매일 쓸 때 항상 혼난다	꼭 알아야 할	꼭 알아야 할 신입 사원 메일 쓰기 팁
이삿짐 정리	이사 비용을 절약하고 싶다	N원 절약해 주는	50만 원 절약해 주는 이사 전 정리법
연애하는 방법	진짜 연애 조언이 필요하다	소중한 시간을 줄여 주는	당신의 소중한 시간을 줄여 주는 찐 연애 조언
메이크업하는 방법	출근 전 화장 시간을 줄이고 싶다	간단한	간단한 출근 메이크업

예시처럼 정보성 숏폼 기획 3과 4에서 생각한 정보와 핵심 메시지를 먼저 적습니다. 그다음 어울리는 카피 문구를 적고 이 3가지를 조합해서 콘텐츠 제목을 완성해 보세요. 정보, 핵심 메시지, 카피의 순서는 상관없습니다. 카피라이팅이 처음에는 어렵게 느껴지겠지만 나와 비슷한 분야의 숏폼을 자주 접하다 보면 문구들이 익숙해집니다.

정보	핵심 메시지	카피	콘텐츠 제목

▌ [예시] 부모님과 함께하는 포천시 가족 여행

정보	핵심 메시지	카피	콘텐츠 제목
숙소	편안한 휴식 공간	꿀팁	편안한 휴식 공간이 돼 줄 포천시 숙소 찾는 꿀팁
맛집	가족 모두가 만족하는 일정	N초 만에	15초 만에 알아보는 가족 모두 만족할 포천시 맛집 정보
관광지	분위기 좋은 명소(핫플)	필수	포천 여행 분위기 좋은 필수 핫플 추천

콘텐츠 제목을 바탕으로 본격적인 대본을 작성하기 전에 숏폼 콘텐츠에 출현할 배우를 만들어야 합니다. 이 배우를 '부캐 캐릭터'라고 부릅니다. 부캐 캐릭터를 만들 때는 자신의 성격을 반영하는 것이 중요합니다.

1) 촬영과 편집 스타일 정하기

숏폼을 처음 만드는 분들은 화면에서 내 얼굴이나 목소리가 나오는 것을 어색해합니다. 그래서 표정과 목소리가 마음에 들지 않아 열심히 만든 영상을 올리지 않고 바로 지워버리는 경우가 많습니다. 이런 시행착오를 줄이기 위해서는 나는 화면에서 어느 부분까지 출현시킬 수 있는지, 어떤 감정을 표현할 것인지, 스타일은 어떻게 되는지 등 화면에서 보여질 콘셉트를 미리 설정하는 '나만의 부캐 캐릭터'를 만들어야 합니다. 부캐 캐릭터를 결정하기 위해 5가지 문항을 준비했습니다. 자신의 성격과 능력을 고려해 다음 질문에 동그라미 표시를 해 보세요.

나만의 부캐 캐릭터 만들기

1. 숏폼에서 어디까지 출현을 허락하나요?
   ① 나만 가능 또는 가족이나 친구 모두 가능
   ② 얼굴 가능, 목소리 가능, 전신 가능, 신체 일부 가능
   ③ 모두 출현 불가능

2. 숏폼에서 어떤 분위기를 낼 수 있나요?
   ① 병맛: 과장된 표정과 맥락 없는 말로 시청자를 웃기는 개그 스타일
   ② 즐거운: 시청자를 흐뭇하고 기쁘게 만든다.

③ 심각한: 시사나 어두운 측면을 건드려 시청자를 절박하게 만든다.
④ 슬픈: 힘들거나 불쌍한 일을 보여 주어 시청자의 마음을 아프고 괴롭게 만든다.
⑤ 감동: 시청자의 마음을 움직이게 만든다.

3. 어떤 말투, 표정, 성격으로 표현하고 싶나요?
① 존댓말 또는 반말, 사투리 또는 표준어
② 전문직, 친근한 옆집 언니, 딱딱한 조교, 특별한 게임 캐릭터 등

4. 어느 장소에서 출현 가능한가요?
① 아무도 없는 또는 사람이 있어도 가능
② 실내 또는 실외

5. 편집은 어떤 느낌으로 하길 원하나요?
① 다양한 장면과 자막이 나오는 편집
② 다양한 장면과 자막에 움직임이 있고 목소리가 들어간 편집
③ 숏폼에서 보던 신기한 편집

2) 매력적인 부캐 캐릭터 찾아보기

모두 결정했다면 내가 생각한 부캐 캐릭터와 비슷한 모습을 한 크리에이터를 찾아봅니다. 잘 모르겠다면 숏폼이나 유튜브 영상을 보면서 내가 표현하고 싶은 느낌과 비슷한 영상을 찾아보세요. 그 영상을 선택한 이유와 그 영상의 촬영법, 편집이 들어간 부분을 생각해 봅니다(에피소드 2를 참고해 촬영법을 살펴봅니다). 그런 다음 내가 할 수 있는 것과 할 수 없는 것을 적어 봅니다. 이런 식으로 5개의 영상을 분석해 보고 최종적으로 나의 부캐 캐릭터가 영상에서 어떻게 보이면 좋을지를 정해 보세요.

▌ [예시] 부캐 캐릭터 찾는 과정

- **성별:** 여
- **선택한 영상(계정명):** @dr_bag
- **선택한 이유**

    1. 망가진 가방을 꼼꼼하게 수선하는 과정을 보여 준다.

    2. 의사 가운을 입고 청진기를 목에 둘러 가방을 '수선'하는 것이 아니라 가방을 '치료'한다는 느낌이 든다.

    3. 전후가 확실하다.

    4. 한 사람의 고객과 수선사의 상황극으로, 음성이 들어가 영상의 몰입도가 높다.

    5. 2가지 각도에서 촬영하고 편집이 많이 들어가지 않았다.

- **내가 할 수 있는 것**

    1. 만드는 과정 보여 주기

    2. 정면 촬영과 클로즈업 촬영, 간단한 편집

    3. 캐릭터에 맞는 옷 준비

- **내가 할 수 없는 것**

    1. 상황극 연기

    2. 얼굴 노출

- **나만의 부캐 캐릭터 특징(콘셉트)**

    - **성격**: 어려운 상황을 치료해 주는 병맛 사투리 피부 관리사(가운 입기)

    - **출현**: 얼굴을 제외한 신체 일부, 목소리 나오지 않음

    - **촬영**: 실내에서 관리하는 과정만 2가지 각도(정면 촬영, 클로즈업 촬영)

    - **편집**: 목소리 없이 자막으로만 상황극을 표현해서 2개 각도의 장면 이어 붙이기

▶▶ 02-6 정보성 숏폼 기획 6: 짧고 재미있게 숏폼스러운 대본 만들기

조회수가 높은 숏폼 콘텐츠의 대본 구성은 후킹 메시지로 시작해 정보 전달, 공감대 문구, 콜 투 액션 순으로 이뤄집니다. 이 구조를 이용해 재미있고 짧은 대본을 작성해 봅시다.

1) 숏폼 스토리텔링 법칙

❶ 후킹 메시지

후킹 메시지란, '시청자의 주의를 끌어 영상을 보게 만드는 말'입니다. 카피라이팅을 사용해 만든 콘텐츠 제목을 그대로 사용해도 되고 부캐 캐릭터의 성격에 맞게 변형해 사용할 수도 있습니다. 예를 들어 친구에게 말하는 부캐 캐릭터라면 '30초 만에 아이폰 16 신기능 알아보기'를 '야, 내가 30초 만에 아이폰 16 신기능 알려 줄게.'로 바꿀 수 있습니다.

❷ 정보 전달

고객이 원하는 정보를 듣기 좋게 정리할 때는 다음 3가지를 주의해야 합니다.

첫째, 정보를 이야기로 표현해야 합니다. 사람의 뇌는 단순한 정보보다 이야기를 더 좋아합니다. 부캐 캐릭터가 직접 경험한 것처럼 생생한 이야기로 전달하세요.

둘째, 쉽게 말해야 합니다. 전문 용어를 피하고 초등학교 1학년도 이해할 수 있는 난이도로 설명해야 합니다.

셋째, 정보는 최대 3개까지만 알려 줍니다. 60초 안에 기억할 수 있는 정보는 많지 않습니다. 필수 정보 3가지만 전달하고 추가 정보는 캡션이나 댓글로 전달하세요.

❸ 공감대 문구

대화를 할 때 상대방이 나의 마음을 알아 주는 말을 한다면 그 사람의 말을 경청하게 됩니다. 시청자도 마찬가지입니다. 단순히 정보만 말하는 것보다 "너 이러한 상황이어서 힘들었지. 그거 내가 해결해 줄게."와 같은 공감대 문구는 찐팬을 만드는 데 중요한 역할을 합니다.

❹ 콜 투 액션

콜 투 액션이란, '시청자가 이 영상을 보고 해야 할 행동'입니다. 예를 들어 "도움이 됐다면 '좋아요'를 눌러 주세요."와 같은 문구가 이에 해당합니다. 숏폼의 조회수를 높이고 구독자를 늘리기 위해서는 알고리즘이 좋아하는 행동(좋아요, 저장, 시청 지속 시간 높이기 등)을 유도해야 합니다. 콜 투 액션으로 무엇을 적을지 모르겠다면 다음 중 하나를 선택해 사용하길 바랍니다.

▌ [예시] 콜 투 액션

목적	문구
'좋아요' 늘리기	도움이 됐다면 '좋아요'를 눌러 주세요.
'저장' 늘리기	저장했다가 다음에 꼭 가세요.
'구독자(팔로워)' 늘리기	도움이 될 친구에게 이 영상을 공유해 주세요.
	더 많은 정보를 알고 싶다면 구독(팔로워) 클릭
'시청 지속 시간' 늘리기	더 많은 정보는 댓글(캡션)을 확인하세요.

2) 숏폼 대본 완성하기

❶ 숏폼 스토리텔링 법칙에 맞게 대본 작성하기

숏폼 대본을 작성할 때는 숏폼 스토리텔링 법칙과 타깃(부캐 캐릭터) 특징인 콘셉트에 맞게 작성해 줘야 합니다. 이해를 돕기 위해 여행과 관련된 주제로 대본을 작성해 보겠습니다.

제목: 포천 여행 분위기 좋은 필수 핫플 추천
타깃: 부모님을 모시고 가는 가족
콘셉트: 얼굴 없이 목소리만 즐거운 분위기, 친근한 옆집 언니 반말 말투

---

❶ 후킹 메시지
포천 여행 분위기 좋은 필수 핫플 추천!

❷ 정보 전달
첫째, 산정 호수에서 오리 썰매 타기
둘째, 허브 아일랜드 핑크 모래에 가서 가족 사진 찍기
셋째, 한탄강 주상절리길 걸어가기

❸ 공감대 문구
부모님 모시고 가는 여행이라 걱정이 많지? 나만 믿고 꼭 가 봐!

❹ 콜 투 액션
자세한 정보는 댓글을 확인해!

숏폼 스토리텔링 법칙에 맞춰 대본을 완성했습니다. 처음 숏폼 대본을 작성해 보는 분들은 위 내용과 비슷하게 작성할 것입니다. 그런데 숏폼 대본은 시청자에게 직접 말하듯이 적어야 합니다. 이 대본을 좀 더 자연스럽게 변경해 보겠습니다.

❷ 대사가 자연스럽게 숏폼 대본 수정하기

제목: 포천 여행 분위기 좋은 필수 핫플 추천

타깃: 부모님을 모시고 가는 가족

콘셉트: 얼굴 없이 목소리만 즐거운 분위기, 친근한 옆집 언니 반말 말투

❶ 후킹 메시지
포천 여행 분위기 좋은 필수 핫플 추천해 줄게!

❷ 정보 전달
무조건 아침엔 산정 호수에서 오리 썰매를 타야 해. 아침 일찍 가지 않으면 오리 썰매를 못 타! 그리고 허브 아일랜드 진짜 큰데 포토존은 바로 여기! 핑크 모래에 가서 가족 사진 찍어! 인생 샷 무조건 건진다! 마지막으로 부모님이랑 왔으니까 좋은 데 가야지. 한탄강 주상절리길이 그렇게 절경이더라!

❸ 공감대 문구
봐봐 우리 부모님 좋아하시지? 이대로만 가면 너희 부모님도 100% 만족 보장이다! 나만 믿고 꼭 가봐!

❹ 콜 투 액션
자세한 정보는 댓글을 확인해!

변경된 대본도 충분히 매력적이지만 숏폼 대본을 만들 때 하지 말아야 할 것이 있습니다. 숏폼은 기대감을 계속 높여야 하기 때문에 '그리고', '그래서'와 같은 접속사보다는 '또', '진짜 중요', '이건 꼭'과 같은 연결어를 사용합니다. 또 중복되는 말은 최대한 빼야 합니다. 이 내용에 주의해서 대본을 다시 한번 작성해 보겠습니다.

❸ 구어체에 맞게 숏폼 대본 수정하기

> **제목:** 포천 여행 분위기 좋은 필수 핫플 추천
> **타깃:** 부모님을 모시고 가는 가족
> **콘셉트:** 얼굴 없이 목소리만 즐거운 분위기, 친근한 옆집 언니 반말 말투

❶ 후킹 메시지

포천 여행 분위기 좋은 필수 핫플 추천해 줄게!

❷ 정보 전달

산정 호수에서 오리 썰매를 타야 해. 아침 일찍 가지 않으면 오리 썰매를 못 타! 또! 허브 아일랜드 핑크 모래에 가서 가족 사진 찍어! 인생 샷 무조건 건진다! 이게 진짜 중요한데! 한탄강 주상절리길까지 가면~

❸ 공감대 문구

부모님도 100% 만족한다!

❹ 콜 투 액션

자세한 정보는 댓글을 확인해!

하지 말아야 하는 내용을 생략했더니 문장이 훨씬 간결해졌습니다. 숏폼은 '더하기'가 아니라 '빼기'의 싸움입니다. 최대한 요점만 정리해서 구어체로 말해야 합니다.

숏폼을 자주 보지 않아 익숙하지 않은 분들은 정보에 대한 글을 먼저 쓴 후 법칙에 따라 문단을 나눕니다. 그런 다음 필요 없는 부분을 생략하는 순서대로 진행하면 처음부터 숏폼 스토리텔링 법칙으로 작성하는 것보다 쉽게 느껴질 겁니다. 이제 직접 숏폼 대본을 작성해 보세요.

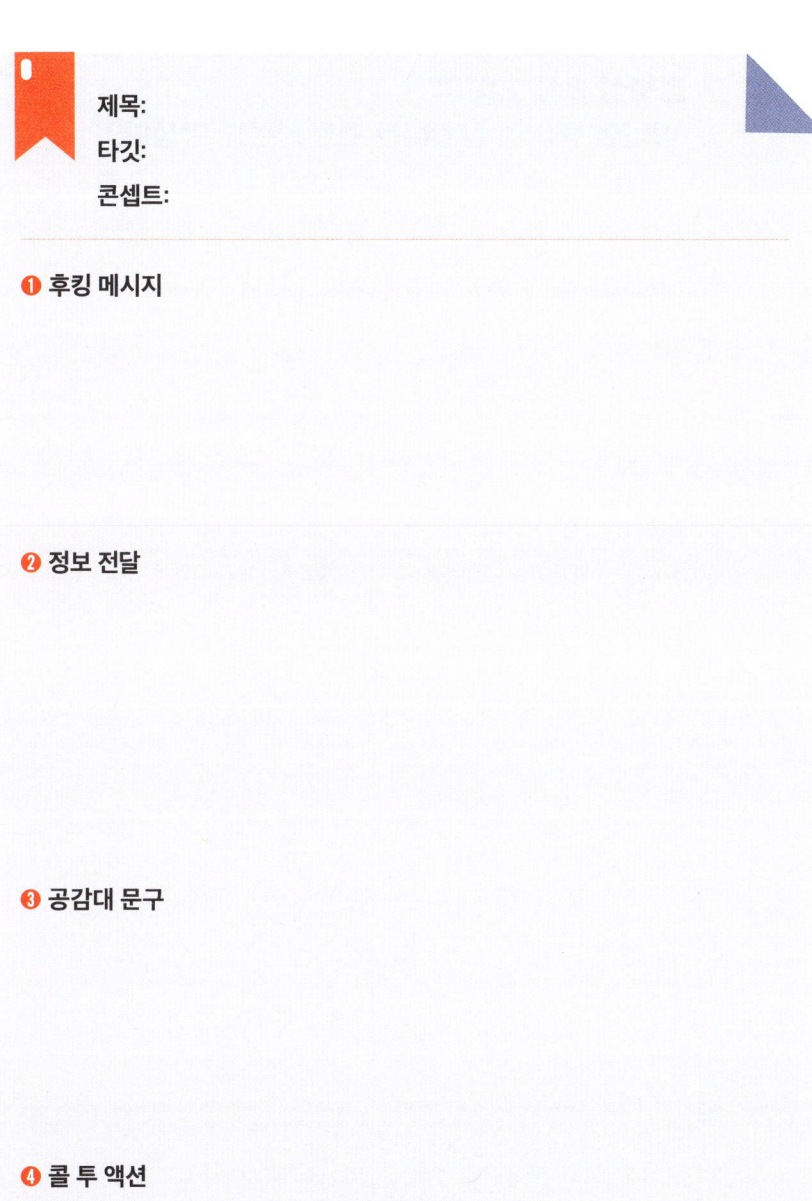

제목:

타깃:

콘셉트:

❶ 후킹 메시지

❷ 정보 전달

❸ 공감대 문구

❹ 콜 투 액션

▶▶ 02-7 정보성 숏폼 기획 7: 하나의 종이에 정리하는 스토리보드 완성하기

숏폼 콘텐츠를 제작하기 위해서는 대본의 내용을 어떻게 촬영하고 편집할 지 미리 계획해야 시간을 절약할 수 있습니다. 지금까지 기획한 내용을 스토리보드에 정리해 보겠습니다.

1) 스토리보드 작성법

▌스토리보드

	장면 1	장면 2	장면 3	장면 4	장면 5	장면 6
장면 (그림)						
대본 (자막)						
준비물						
음악/ 효과						
시간						

스토리보드는 영상을 제작하기 위해 촬영 구도나 대본 등 제작 시 필요한 정보를 정리한 표입니다. 스토리보드의 왼쪽에 있는 '장면(그림)', '대본(자막)', '준비물', '음악/효과', '시간'에 대해 알아보겠습니다.

'장면(그림)'은 각 장면을 촬영할 때 어떻게 촬영하고 싶은지를 표현하는 칸입니다. 그림으로 간단하게 그리는 것이 좋지만, 만약 어렵다면 글로 간단히 적어도 좋습니다. 장소가 실내인지 실외인지, 촬영 구도가 정면인지 위에서 아래로 촬영하는지, 만약 따로 촬영하지 않는다면 어떤 자료를 사용할 것인지 표현합니다.

'대본(자막)'에는 앞서 작성한 숏폼 대본을 옮겨 적습니다. 이때 각 장면에서 대사를 어떤 감정으로 읽을지 또는 어떤 행동을 하면서 읽을지를 적어 주는 것이 좋습니다.

'준비물'에는 각 장면을 촬영할 때 필요한 준비물을 적습니다. 예를 들어 의상이나 삼각대, 짐벌 등을 적습니다.

'음악/효과'는 이 장면의 분위기를 결정하는 요소로, 촬영 전에 미리 정해 놓는 것이 좋습니다. 정확한 음악의 제목을 모른다면 '따뜻한 분위기'처럼 원하는 음악의 분위기를 적어 봅니다. 효과에는 편집 시 넣으면 좋을 효과음 또는 편집 효과를 적습니다.

'시간'은 해당 장면을 촬영할 때 최소 몇 초를 촬영해야 하는지를 적는 칸입니다. 장면에 해당하는 대본을 읽을 때 걸리는 시간을 적는 것도 하나의 방법입니다.

처음부터 모든 칸을 채우기는 어렵습니다. 그래서 처음에는 대본과 준비물 정도만 적어 보고 숏폼 영상을 제작해 보면서 점차 다른 칸도 적어 보는 것을 추천합니다.

2) 스토리보드 완성하기

▌ 스토리보드 예시

	장면 1	장면 2	장면 3	장면 4	장면 5	장면 6
장면 (그림)						
대본 (자막)	(신나는 목소리로) 포천 여행 분위기 좋은 필수 핫플 3개 추천해 줄게!	산정 호수에서 오리 썰매를 타야 해. (살짝 너한테 만 말한다는 느낌으로) 아침 일찍 가지 않으면 오리 썰매를 못 타!	허브 아일랜드 핑크 모래에 가서 가족 사진 찍어! (확신에 찬 소리로) 인생샷 무조건 건진 다!	이게 진짜 중요한데! 한탄강 주상절리길 까지 가면	(신나는 목소리로) 부모님도 100% 만족한다!	자세한 정보는 댓글을 확인해!
준비물	긴 셀카봉	삼각대	삼각대, 셀카봉	긴 셀카봉	삼각대	
음악/ 효과	볼빨간 사춘기 여행 MR	볼빨간 사춘기 여행 MR	볼빨간 사춘기 여행 MR	볼빨간 사춘기 여행 MR	볼빨간 사춘기 여행 MR	볼빨간 사춘기 여행 MR
시간	2초	4초	4초	2초	1초	1초

앞서 완성한 포천시 가족 여행에 관한 숏폼 대본을 스토리보드에 옮겨 적었습니다.

'장면 1'은 가장 하이라이트가 되는 주상절리길 영상으로, 멀리서 촬영한 느낌을 주고 싶습니다. 이 장면을 촬영하기 위해 긴 셀카봉을 사용하려고 합니다.

'장면 2'는 멀리서 오리 썰매를 타는 부모님을 촬영하고 아침 일찍 못 와서 길게 줄을 선 사람들을 보여 줍니다.

'장면 3'은 셀카봉을 들고 가족 인생 샷을 찍는 모습을 삼각대에 다른 카메라로 촬영합니다.

'장면 4'는 부모님이 주상절리 흔들다리 위에 있는 모습을 마치 드론으로 찍는 것처럼 최대한 멀리서 촬영할 예정입니다.

'장면 5'는 부모님이 함박웃음을 짓는 모습으로 만족감을 표현해 줄 예정입니다.

'장면 6'은 화살표 스티커를 넣는다는 의미입니다.

시간은 장면의 자막을 읽었을 때 걸리는 시간으로 각각 적어 주었습니다. 목소리가 들어가기 때문에 음악은 가사가 없는 반주 음악인 MR로 넣었습니다.

이제 직접 적은 숏폼 대본을 참고해 스토리보드를 작성해 보세요.

	장면 1	장면 2	장면 3	장면 4	장면 5	장면 6
장면 (그림)						
대본 (자막)						
준비물						
음악/효과						
시간						

숏폼 기획 마케팅 3단계:
친근하게 다가가라

시청자는 크리에이터의 개성과 유머를 통해 친밀감을 느낍니다. 그 결과 그들이 운영하는 매장을 방문하거나 판매하는 제품을 구매하는 경향이 있습니다. 숏폼 챌린지는 이런 친근함을 성공적으로 전달할 수 있는 방법입니다.

▶▶ 03-1 나에게 맞는 숏폼 챌린지 알아보기

유행하는 챌린지를 따라 하는 것은 조회수와 구독자를 늘릴 수 있는 좋은 방법입니다. 그러나 유행하는 챌린지를 모두 따라 하기는 어렵습니다. 자신의 성향에 맞는 챌린지를 찾아 도전해 보길 바랍니다.

1) 숏폼 챌린지 종류

❶ 간단한 손동작 챌린지

숏폼 챌린지 중 춤을 추지 않고 간단한 손동작만으로 가능한 챌린지가 있습니다. 이 챌린지는 혼자보다 여러 명과 함께 음악 박자에 맞춰 손의 모양을 바꾸는 모습을 보여 줍니다. 대표적인 예로 가수 퀸(Queen)의 'We Will Rock You'에 맞춰 별, 하트 등 다양한 모양을 만드는 우정 챌린지를 들 수 있습니다.

❷ 도전하기 쉬운 '손 댄스 챌린지'

'손 댄스 챌린지'의 포인트는 노래의 가사를 손으로 직관적으로 표현하는 것입니다. 댄스 챌린지보다는 동작이 적어 춤을 두려워하는 분들도 가능합니다. 대표적인 예로 꽃을 심는 동요에 맞춰 손 댄스를 하는 '꽃밭 챌린지'를 들 수 있습니다. 이 챌린지는 어린아이들도 쉽게 따라 할 수 있습니다.

▲ 꽃밭 챌린지 (출처: 유튜브)

❸ 유행하는 선도하는 밈, 상황 챌린지

크리에이터가 유행시킨 말이나 웃기고 재미있는 상황을 따라 하는 것을 '밈'이라고 합니다. 숏폼에서는 이 밈을 활용해 실제로는 힘든 현실을 유쾌하게 표현하는 상황 챌린지를 만들었습니다. 예를 들어 '오늘 몇 병 마실 건가요?' 챌린지는 이 질문에 당당하게 100병이라고 답하지만 실제 주량은 한 병밖에 안 되는 모습을 보여 줍니다. 이 챌린지는 상황에 맞게 질문이 변형돼 시험 기간에는 '너 오늘 공부 몇 시간 할 거야?', '너 시험 점수 몇 점 맞을 거야?'로 사용됐습니다.

❹ 댄스 챌린지

가수가 새로운 음원을 낼 때 홍보의 용도로 댄스 챌린지를 사용한다고 알고 있지만 실제로 유행하는 댄스 챌린지는 보다 폭넓은 음악을 사용하고 있습니다. 예를 들어 2024년에 유행한 '티라미수 케이크 챌린지'는 2016년에 발매된 노래 '티라미수케익'에서 '난 너를 보면 티라미수케익'이라는 가사를 'T라 미숙해'로 풀이해 다른 사람들의 말에 공감하지 못하는 상황에서 사용하고 있습니다.

❺ 한 호흡 챌린지

'한 호흡 챌린지'는 긴 문장을 쉬지 않고 말해서 폐활량을 확인하는 챌린지입니다. 동원참치는 한 호흡 챌린지를 활용해 CF에 나오는 CM송 가사를 한 호흡 만에 끊김 없이 따라 읽고 이를 영상으로 촬영해 필수 해시태그와 함께 올리는 '한숨에 한 캔 챌린지'를 실시했습니다. 동원참치는 이 챌린지를 통해 브랜디의 이미지를 높일 수 있었습니다.

2) 나에게 맞는 챌린지를 고르는 법

❶ 흥의 민족 피를 물려받은 끼쟁이

자신을 드러내는 데 어려움이 없고 내재된 끼가 있는 분이라면 '댄스 챌린지', '밈', '상황 챌린지(패러디)'를 추천합니다. 댄스 챌린지는 춤을 잘 추는 사람들만 해야 한다는 편견이 있는데, 생각보다 인간미를 장착하고 뚝딱거리며 추는 사람들이 많습니다. 중요한 것은 춤을 즐기고 있다는 표정을 보여 주는 것입니다.

❷ 마음만 가득, 수줍은 연예인

얼굴을 드러낼 자신은 없지만 마음만은 연예인인 분이라면 '손동작 챌린지'와 '손 댄스 챌린지'를 추천합니다. 2개 모두 간단한 동작만으로 가능하기 때문에 조금만 연습하면 됩니다. 얼굴은 가리고 몸과 손만 나오게 촬영해도 되고 편집할 때 이모지로 얼굴을 가리는 효과를 사용해도 됩니다.

❸ 빠른 움직임이 허락되지 않는 양반

특별히 나를 감추고 싶은 건 아니지만 가벼운 손동작마저 힘든 분이라면 '한 호흡 챌린지'와 '밈 챌린지'를 추천합니다. 두 챌린지 모두 말만 하면 되기 때문에 비교적 쉽게 느낄 수 있습니다. 숏폼 챌린지는 소개한 것 말고도 계속 새로운 것이 생겨납니다. 따라서 유행하는 숏폼 챌린지를 봤다면 보는 것으로 끝내지 말고 한 번쯤 시도해 보길 바랍니다.

▶▶ 03-2 댄서보다 흥이 넘치는 숏폼 댄스 챌린지 기획하기

숏폼 챌린지의 종류 중 시청자에게 가장 많이 노출되는 콘텐츠는 '숏폼 댄스 챌린지'입니다. 내 콘텐츠를 본 시청자들은 잠재 소비자가 될 가능성이 높습니다. 따라서 홍보를 원하는 사람들은 숏폼 댄스 챌린지를 적극적으로 활용해야 합니다.

1) 메시지를 넣는 숏폼 댄스 챌린지 기획법

❶ 숏폼 댄스 챌린지 분석하기

우리가 챌린지를 하는 이유는 단순히 춤을 추는 모습을 보여 주기 위한 것이 아닙니다. 챌린지의 목표는 시청자에게 친근하게 다가가 특별한 메시지를 전달하기 위해서입니다. 따라서 숏폼 댄스 챌린지를 하기 전에 유행하는 챌린지를 분석해야 합니다.

유행하는 숏폼 댄스 챌린지를 자세히 살펴보면 춤을 추는 사람은 다르지만 어딘지 모르게 풍기는 분위기가 비슷합니다. 이것은 챌린지 원작자의 세계관을 따라 했기 때문입니다. '킬링 파트'는 '계속 반복되는 말'로, 이 챌린지를 부르는 말일 가능성이 높습니다. 음악 박자는 가사가 나오는 속도나 동작의 빠르기로 생각하면 됩니다. 동작은 반복해서 나오는 동작이 무엇인지 알아봅니다. 난이도는 사람마다 다르게 느끼지만 아이들이 따라 한 챌린지라면 난이도가 '하', 주로 댄서들이 따라 한 챌린지라면 난이도가 '상'입니다.

예를 들어 '홍 박사님을 아세요' 숏폼 댄스 챌린지의 세계관은 노래를 부른 조주봉 님의 잔망스러운 표정입니다. 그래서 잘 따라 했다고 생각한 영상을 보면 이 표정을 잘 살려 냈습니다. 이 챌린지를 좀 더 살펴보면 '홍 박사님을 아세요'와 '홍홍홍'이 반복됩니다(킬링 파트). 중간 박자의 음악, 개다리춤, 난이도 '하'의 동작이라 쉽게 따라 해 볼 수 있습니다. 여러분이 따라 하고 싶은 챌린지를 생각해 보고 다음 표에 적어 보세요.

챌린지	
세계관	
킬링 파트	
음악 박자	
동작	
난이도	

▌ [예시] 댄스 챌린지 분석

챌린지	홍 박사님을 아세요
세계관	잔망스러운 표정
킬링 파트	홍 박사님을 아세요, 홍홍홍
음악 박자	중간 박자
동작	개다리춤
난이도	하

❷ 숏폼 댄스 챌린지에 메시지 넣기

이제 노래 가사에 메시지를 넣을 차례입니다. 쉽게 말해 노래의 가사를 나에게 맞게 바꾸는 것입니다. 이때는 가사가 반복되는 킬링 파트 부분만 변경해도 됩니다.

우선 전달하고자 하는 메시지를 정합니다. 그럼 다음 챌린지의 가사를 변경할 부분을 정합니다. 가사를 바꿀 때는 우선 킬링 파트에 중요 메시지를 넣고 나머지 부분을 변경합니다. 전달하는 내용을 최대한 요약해서 적어 주는 것이 핵심입니다. 또 직접 노래를 부르는 것이 아니라 자막으로 적어 줄 것이기 때문에 가사의 글자 수를 정확하게 맞출 필요는 없습니다. 다만, 원래 가사가 나오는 시간에 바꾼 내용을 읽을 수 있어야 합니다. 만약 가사가 없다면 리듬에 맞춰 없던 가사를 만들어 줘도 됩니다. 앞서 기획했던 포천 여행을 이용해 예를 들어 보겠습니다.

제목: 여행 분위기 좋은 필수 핫플 추천
타깃: 부모님을 모시고 가는 가족
콘셉트: 얼굴 없이 목소리만 즐거운 분위기, 친근한 옆집 언니 반말 말투

❶ 후킹 메시지
포천 여행 분위기 좋은 필수 핫플 추천해 줄게!

❷ 정보 전달
산정 호수에서 오리 썰매를 타야 해. 아침 일찍 가지 않으면 오리 썰매를 못 타! 또! 허브 아일랜드 핑크 모래에 가서 가족 사진 찍어! 인생 샷 무조건 건진다! 이게 진짜 중요한데! 한탄강 주상절리길까지 가면~

❸ 공감대 문구
부모님도 100% 만족한다!

❹ 콜 투 액션
자세한 정보는 댓글을 확인해!

이 대본에서 전달하고자 하는 메시지는 '부모님이 만족하는 포천 여행지 추천'입니다. 이러한 점에서 가사에 부모님이 여행에 만족할 수 있다는 것과 포천 여행지를 소개하는 내용이 들어가야 합니다.

'홍 박사님을 아세요' 부분에 중요한 메시지인 '포천 여행지를 아세요'를 넣고 '홍홍홍' 부분에 '부모님이 만족한다'라는 메시지와 포천 여행지를 넣었습니다.

그쪽도 홍 박사님을 아세요	그쪽도 포천 여행지를 아세요
따란따 따란 홍홍홍	따란따 따란 부모님도
따란따 따란 홍홍홍	따란따 따란 우리도
따란따 따란 홍홍홍	따란따 따란 만족하는
홍 박사님을 아세요	포천 여행지를 아세요
따란따 따란 홍홍홍	신나게 썰매 타는 산정 호수
따란따 따란 홍홍홍	인생 샷 찍는 허브 아일랜드
따란따 따란 홍홍홍	감탄이 나오는 주상절리
그쪽도 홍 박사님을 아세요	그쪽도 포천 여행지를 아세요

이제는 여러분이 챌린지에 말하고자 하는 메시지를 정하고 챌린지의 가사를 모두 적어 변경해 보세요. 손동작 챌린지와 손 댄스 챌린지도 이와 같은 방법으로 기획하면 됩니다.

Ⓐ 메시지 정하기

Ⓑ 챌린지의 전체 가사 또는 박자 적기

Ⓒ 가사를 메시지에 맞게 변경하기

메시지:

가사

2) 몸치도 가능한 댄스 챌린지의 비밀

❶ 천천히 추고 편집 때 속도 높이기

SNS에서는 누구나 춤을 잘 추는 것 같지만 숏폼 영상에는 아는 사람만 아는 비밀이 숨어 있습니다. 바로 편집을 이용해 춤을 잘 추는 것처럼 보이게 하는 것입니다. 우선 원래 박자보다 천천히 춤을 추는 연습을 해 보세요. 속으로 노래 가사를 따라 하면서 천천히 동작을 따라 하는 모습을 영상으로 촬영합니다. 그런 다음 편집할 때 속도를 1.2~1.5배속으로 높이면 춤을 잘 추는 것처럼 보입니다.

❷ 영상을 틀어 놓고 따라 추기

앞에 영상을 틀어 놓고 따라 추면 동작이 반 박자 정도 느립니다. 그래도 괜찮습니다. 동작을 정확히 따라 추고 편집할 때 촬영한 영상의 소리를 없애고 다시 챌린지 음원을 넣어 음악의 박자와 동작을 맞추면 춤을 잘 추는 것처럼 보입니다.

❸ 막춤 이용하기

댄스 챌린지는 동작을 따라 하는 챌린지이지만 모든 동작을 따라 할 필요는 없습니다. 우리의 목적은 완벽함을 보여 주는 것이 아니라 친근함으로 다가가는 것입니다. 포인트 동작만 따라 하고 너무 어려운 동작은 과감히 다른 동작으로 변경하는 것도 좋은 방법입니다.

▶▶ 03-3 로봇 연기여도 이해되는 패러디 기획하기

연기를 전공하지 않은 일반인의 입장에서 볼 때 패러디는 멀게만 느껴집니다. 숏폼 시청자들은 명연기를 원하는 것은 아닙니다. 시청자가 패러디를 즐기는 요소들을 찾아 자신에 맞게 바꿔 보겠습니다.

1) 숏폼의 패러디는 무엇이 다를까?

유명한 광고나 드라마의 대사를 따라 하는 것을 '패러디'라고 합니다. 숏폼 챌린지도 다른 크리에이터를 따라 하는 문화이기 때문에 패러디를 빼놓을 수 없습니다. 특히 숏폼은 광고나 드라마보다 온라인에서 유행하는 말이나 상황, 특정 행동인 밈을 따라 합니다.

예를 들어 2022년에 유행한 '뉴진스의 하입보이요' 밈은 걸어가는 사람에게 "저기요." 또는 "길 좀 물어 볼게요."라고 말하면 걸어가던 사람이 '뉴진스의 하입보이요'라고 말하며 뉴진스의 하입보이 춤을 춥니다. 이 밈을 패러디해서 다양한 거리에서 '뉴진스의 하입 보이요'를 외치는 숏폼을 만들었습니다.

또 다른 예로 2024년에 유행한 '차노을 챌린지'라는 초등학교 2학년 차노을의 자기 소개 영상을 들 수 있습니다. 차노을 챌린지는 가사를 그대로 따라 하는 것이 아니라 숏폼을 만드는 사람의 상황에 맞게 자기 소개를 하다 보니 '차노을 패러디'라고 불렸습니다.

앞의 예에서 알 수 있듯이 숏폼에서의 패러디는 춤, 연기, 노래 등 표현하는 사람의 상황에 따라 달라지는 '상황 챌린지'라고 볼 수 있습니다. 특정한 형식이 없기 때문에 연기를 못해도 따라 할 수 있습니다. 중요한 점은 의상, 표정, 행동을 원작에 가깝게 따라 할수록 시청자들이 긍정적으로 반응한다는 것입니다.

2) 유행하는 숏폼 패러디, 밈 분석하기

패러디와 밈도 숏폼 댄스 챌린지와 마찬가지로 원작에서의 세계관, 킬링 파트, 난이도를 분석해야 합니다. 세계관은 원본 영상의 주인공 성격, 의상, 말투 등입니다. 킬링파트는 그 주인공의 주요 대사 또는 특정 행동입니다. 난이도는 주관적으로 봤을 때 따라 하기 어렵다면 '상', 쉽다고 생각되면 '하'라고 적어 주면 됩니다.

앞서 예로 들었던 '차노을 패러디'를 분석해 보면 세계관은 초등학교 2학년 차노을의 순수함과 '물어봐.'를 '무더봐.'로 말하는 귀여운 발음입니다. 킬링 파트는 영상의 첫 부분인 '나는 2학년 차노을 차미반의 친구'입니다. 노래 가사도 바꿔야 하고 순수한 표정 연기도 해야 하므로 난이도는 '중' 정도로 볼 수 있습니다.

패러디	차노을 패러디
세계관	초2의 순수함, 귀여운 발음
동작	나는 2학년 차노을 차미반의 친구
난이도	중

이제 직접 원하는 패러디를 분석해 보세요.

패러디	
세계관	
동작	
난이도	

3) 숏폼 패러디, 밈 개사하기

분석이 끝났다면 어떤 상황에서 이 패러디를 활용할지를 생각해야 합니다. 그다음으로 킬링 파트에 중요한 대사를 넣고 나머지는 상황에 맞게 변경해 줍니다. 마지막으로 어떤 장소에서 이 영상을 촬영할지 정하면 됩니다. 예를 들어 차노을 패러디는 자기 소개 영상이므로 소상공인이 하는 일 또는 강사가 하는 일로 바꿔 볼 수 있습니다.

[원본 차노을 영상의 대사]

나는 2학년 차노을
차미반의 친구
춤추고 랩하는 걸 좋아하는 친구
나를 보면 인사 건네 줘
반갑게 먼저 말을 걸어 줘

어른들이 자꾸만 물어봐
커서 뭐가 되고 싶은지를 물어봐

정말 힘든 질문이야
답이 너무 많아
먹고 싶은 게 많아서
꿈도 너무 많아

[강사 소개 차노을 패러디]

나는 3학년 림피디
영상 편집 강사
춤추고 랩하는 걸 좋아하는 친구
나를 보면 인사 건네 줘
반갑게 먼저 말을 걸어 줘

학생들이 자꾸 물어봐
편집 잘하는 법을 물어봐

정말 힘든 질문이야
꿀팁 너무 많아
자료 가진 게 많아서
줄 게 너무 많아

빨간색 글자가 원래 대사에서 변경된 부분입니다. 이처럼 기존의 틀은 그대로 유지하되 필요한 부분만 변경하면 됩니다. 그런 다음 소개하고 싶은 공간을 촬영 장소로 선택하면 됩니다. 이제 원하는 패러디를 직접 기획해 보세요.

Ⓐ 상황 선택하기

Ⓑ 킬링 파트에 주요 메시지 넣기

Ⓒ 상황에 맞게 나머지 대사 변경해 주기

Ⓓ 촬영 장소 정하기

숏폼 기획 마케팅 4단계: 고객을 내 편으로 만들어라

고객에게 전문성을 인정받고 친근함으로 호감을 샀다면 이제는 진정성으로 승부를 봐야 합니다. 고객과의 신뢰 관계를 구축하고 그들의 감정을 자극하는 콘텐츠를 기획하는 방법에 대해 알아보겠습니다.

▶▶ 04-1 신뢰감을 얻을 수 있는 에피소드 찾기

고객들은 신뢰를 느끼지 못하면 화려한 마케팅에도 구매를 망설이는 경향이 있습니다. 특히 온라인 쇼핑에서는 제품을 직접 만져 볼 수 없기 때문에 불안감을 느끼기 쉽습니다. 따라서 고객의 마음을 열기 위한 전략이 필요합니다.

1) 고객의 마음을 여는 신뢰 구축 전략

❶ 전문성 나타내기

사람들은 제품이나 서비스에서 신뢰성을 확인할 때 전문성을 확인합니다.

판매자나 제작자가 얼마나 깊이 있는 지식을 갖고 있는지가 이 전문성의 기준이 됩니다. 예를 들어 A라는 제품을 만들거나 필요한 허가를 받기 위해 노력한 과정을 솔직하게 보여 주면 전문성을 효과적으로 드러낼 수 있습니다.

❷ 인간미 드러내기

　판매자의 인간미는 상품과 서비스를 어떤 마음으로 만들었는지, 불만 고객에 어떻게 대처하는지를 통해 평가됩니다. 이러한 에피소드는 고객에게 브랜드가 단순한 기업이 아니라 사람 중심의 가치관을 가지고 있다는 인식을 심어 줄 수 있습니다. 예를 들어 고객의 불만을 해결하기 위해 직접 만남을 갖고 소통하는 과정을 보여 주는 숏폼 콘텐츠는 고객과의 정서적 연결을 강화합니다.

❸ 인지도 보여 주기

　실제 후기가 얼마나 적혀 있는지와 후기 내용은 인지도를 알아볼 수 있는 척도가 됩니다. 따라서 고객이 남긴 긍정적인 후기를 활용한 콘텐츠는 다른 잠재 고객들에게 신뢰를 줄 수 있습니다. 또 브랜드의 역사나 성과를 소개하는 에피소드는 브랜드에 대한 인지도를 높이고 고객의 만족도를 높이는 데 기여합니다.

전문성	인간미	인지도
전문 지식	사람의 마인드	고객 만족 후기
허가증, 자격증	제품을 대하는 태도	매출

2) 숏로그에 적합한 에피소드를 찾는 방법

❶ 고객 인터뷰 및 후기 분석

기존 고객에게 연락해 그들의 경험을 물어봅니다. 전화, 이메일 또는 소셜 미디어를 통해 "이 제품을 구매한 이유는 무엇인가요?" 또는 "어떤 점이 가장 만족스러웠나요?"와 같은 질문을 던질 수 있습니다.

웹 사이트나 소셜 미디어에 고객이 남긴 리뷰를 분석하는 것도 좋은 방법입니다. 긍정적인 후기를 바탕으로 어떤 에피소드가 신뢰를 강화하는 데 도움이 됐는지 파악해 봅니다. 특정 후기나 댓글을 스크린샷으로 저장해 두면 향후 콘텐츠 제작에 유용하게 활용할 수 있습니다.

❷ 사적인 이야기의 내면을 건드리기

전달하려는 주제와 관련 있는 크리에이터의 개인적인 이야기는 시청자들에게 큰 매력으로 다가갈 수 있습니다. 어떤 제품을 만들어야겠다고 생각하거나 무엇을 배우기로 마음먹었던 이유와 같이 시작하게 된 계기와 관련된 에피소드를 생각해 봅니다.

❸ 위기 극복 사례 찾기

위기 상황에 맞닥뜨렸을 때 브랜드가 어떻게 대응했는지를 보여 주는 이야기를 조사하는 것은 매우 중요합니다. 고객들이 제기했던 클레임을 해결한 사례 또는 코로나19와 같은 사회적인 이슈를 극복한 사례들이 이에 해당합니다.

'자주 묻는 질문'을 잘 활용하면 고객과 관련된 해결 사례를 쉽게 떠올릴 수 있습니다. 또 사회적 이슈는 신문 및 뉴스 기사를 통해 더욱 풍부한 사례를 확보할 수 있습니다.

▶▶ 04-2 마음을 건드리는 숏로그 제목 만들기

숏로그의 제목은 정보성 숏폼에서 콘텐츠 제목과 크게 다르지 않습니다. 정보성 숏폼에서 정보와 핵심 메시지, 카피 문구를 조합해 제목을 만들었다면 숏로그는 에피소드에 카피 문구를 조합해서 만듭니다.

1) 에피소드에 어울리는 카피 문구 찾기

숏로그의 제목을 만들기 위해서는 가장 먼저 에피소드를 정하고 그에 맞는 카피 문구를 조합해야 합니다. 예를 들어 '허가증'이라는 에피소드를 선택했다면 '필수'라는 카피 문구를 활용해 '제품 허가증이 필수였나…'와 같은 제목을 만들 수 있습니다. 또 다른 예로 '여행 준비'라는 에피소드를 선택하고 '모르면 망하는'이라는 카피 문구를 활용해 '모르면 망하는 여행 준비물'이라는 제목을 만들 수 있습니다.

2) 문장의 구성 새로 만들어 보기

카피 문구를 넣어 만든 문장을 숏로그에 맞게 변형하는 것을 추천합니다. 중심 단어를 숨겨서 궁금증을 유발합니다. 예를 들어 첫 번째 제목인 '제품 허가증이 필수였나…'에서 중심 단어인 허가증을 숨겨 '이 제품에는 이게 필수라던데…'로 변형할 수 있습니다.

카피 문구를 상황으로 만들어 사용하는 방법도 있습니다. 예를 들어 '모르면 망하는'을 '몰라서 망했다'의 상황을 만들어 '모르고 팔았다가 제대로 망했다'와 같은 제목을 만들 수 있습니다.

마음을 건드리는 제목을 만들었다면 판매자의 경험을 감정적으로 느낄 수 있는 대본을 만들어야 합니다. 정보성 숏폼 콘텐츠와는 다른, 숏로그의 대본을 작성하는 방법을 알아보겠습니다.

1) 숏로그 대본 작성 방법

정보성 숏폼 대본은 후킹 메시지, 정보, 공감대 문구, 콜 투 액션 순으로 진행됩니다. 반면 숏로그는 후킹 메시지, 진실한 나의 이야기, 내 생각, 콜 투 액션 순으로 진행됩니다. '후킹 메시지'는 숏로그의 제목을 그대로 가져오거나 말투에 맞게 변형해 사용합니다. '진실한 나의 이야기'는 제목과 관련해 공감을 살 수 있는 감동적인 에피소드를 제시합니다. '내 생각'은 이러한 이야기를 대변하며 고객에게 감정적으로 다가가는 기회를 제공합니다. 마지막으로 '콜 투 액션'은 고객이 영상을 보고 난 후 취해야 할 행동을 명확히 제시해야 합니다. 이러한 요소들을 조화롭게 구성하면 고객의 마음을 울리는 감동적인 숏로그 대본을 완성할 수 있습니다.

2) 숏로그 대본 작성하기

이해를 돕기 위해 앞서 기획했던 포천 여행 정보성 숏폼 대본을 숏로그 대본으로 바꿔 보겠습니다.

- 정보성 숏폼 대본

제목: 포천 여행 분위기 좋은 필수 핫플 추천

타깃: 부모님을 모시고 가는 가족

콘셉트: 얼굴 없이 목소리만 즐거운 분위기, 친근한 옆집 언니 반말 말투

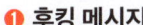

❶ 후킹 메시지

포천 여행 분위기 좋은 필수 핫플 추천해 줄게!

❷ 정보

산정 호수에서 오리 썰매를 타야 해. 아침 일찍 가지 않으면 오리 썰매를 못 타! 또! 허브 아일랜드 핑크 모래에 가서 가족 사진 찍어! 인생 샷 무조건 건진다! 이게 진짜 중요한데! 한탄강 주상절리길까지 가면~

❸ 공감대 문구

부모님도 100% 만족한다!

❹ 콜 투 액션

자세한 정보는 댓글을 확인해!

- 숏로그 대본

제목: 굳이 3대가 함께 여행을 가는 이유

타깃: 부모님을 모시고 가는 가족

콘셉트: 얼굴 없이 목소리만 감동적인, 친구, 반말 말투

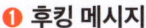

❶ 후킹 메시지

굳이 3대가 함께 여행을 가는 이유

❷ 진실한 나의 이야기

부모님이 돈을 벌어야 한다며 나는 어렸을 때부터 할머니 집에 맡겨졌어.

부모님과 함께하는 시간이 자연스럽게 줄어들었지.

그런데 부모가 되고 생각해 보니 가장 무서웠던 게 무엇인지 알아?

아이들과 시간을 보내기보다 돈을 버는 것에 더 집중하는 나를 발견한 거야.

❸ 내 생각
그래서 나는 추억을 만들기 위해 굳이 부모님과 아이들을 데리고 한 달에 한 번
여행을 다녀.

❹ 콜 투 액션
3대가 함께 갈 수 있는 여행지 리스트가 궁금하다면 댓글에 '궁금해'라고 적어 줘.

위 대본은 진실한 나의 이야기와 내 생각이 모두 제작자의 입장에서 썼지
만 시청자인 고객도 이와 비슷한 경험을 했던 에피소드이기 때문에 공감을
사고 마음을 울려 감동을 줄 수 있습니다. 이제 나의 에피소드와 관련된 숏로
그 대본을 직접 적어 보세요.

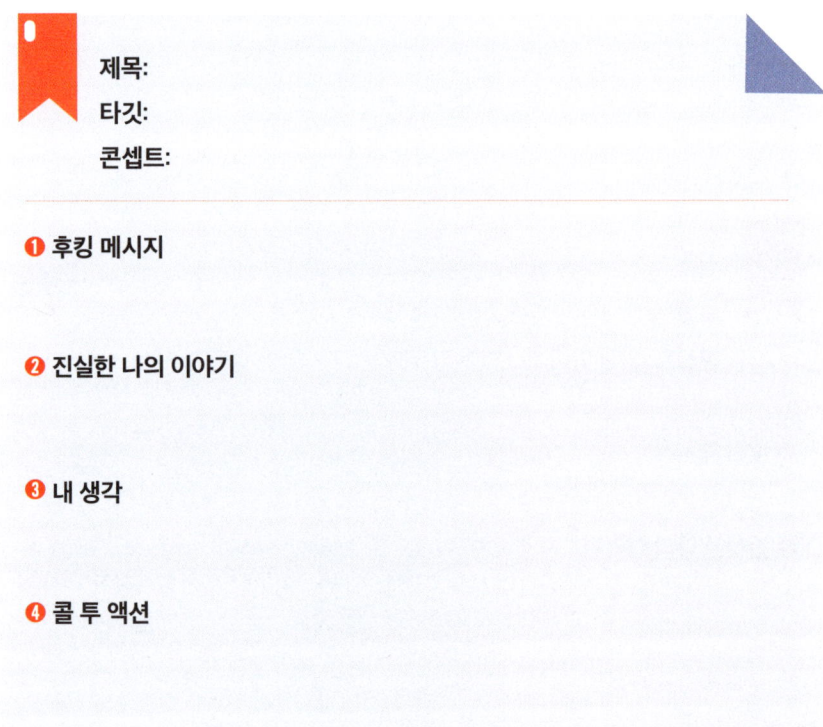

제목:
타깃:
콘셉트:

❶ 후킹 메시지

❷ 진실한 나의 이야기

❸ 내 생각

❹ 콜 투 액션

효과적인 촬영을 위해 포함해야 할 장면들을 계획해야 합니다. 스토리보드를 통해 각 장면의 연출과 흐름을 구성하고 각 장면이 전달하고자 하는 메시지를 명확하게 표현하는 방법을 알아보겠습니다.

1) 숏로그의 특징 이해하기

숏로그의 가장 큰 특징은 주인공이 카메라를 바라보지 않는다는 것입니다. 마치 누군가가 나를 따라다니며 촬영하는 것처럼 멀리서 나를 바라보듯이 촬영하기 때문에 꼭 나의 얼굴이 나와야 하는 건 아닙니다. 에피소드에 집중될 수 있으면서 영상이 밋밋하지 않게 뒷모습, 옆모습, 일하는 공간 등을 다양한 각도에서 촬영합니다.

또 에피소드가 들어가지만 꼭 목소리를 녹음해야 하는 건 아니고 자막만으로도 충분합니다. 중요한 점은 자막의 내용과 촬영한 장면이 일치해야 한다는 것입니다.

2) 숏로그 스토리보드 작성하기

스토리보드를 작성하는 방법은 정보성 숏폼에서 배웠던 것과 동일합니다. 대본의 내용을 보면서 동일한 내용까지 장면을 나눈 후 다른 사람이 촬영하는 느낌을 낼 수 있도록 장면을 그려 줍니다. 해당 장면에 필요한 준비물, '음악'과 '효과'를 적습니다. 대본의 내용을 직접 읽어 보고 걸리는 시간을 시간 부분에 적어 줍니다.

여행과 관련된 숏로그 대본을 스토리보드로 옮겨 적으면 다음처럼 만들 수 있습니다.

▌숏로그 스토리보드 예시

	장면 1	장면 2	장면 3	장면 4	장면 5	장면 6
장면 (그림)						
대본 (자막)	굳이 3대가 함께 여행을 가는 이유	부모님이 돈을 벌어야 한다며 나는 어렸을 때부터 할머니집에 맡겨졌어. 부모님과 함께하는 시간이 자연스럽게 줄어들었지.	그런데 부모가 되고 생각해 보니 가장 무서웠던 게 무엇인지 알아?	아이들과 시간을 보내기보다 돈을 버는 것에 더 집중을 하는 나를 발견한 거야.	그래서 나는 추억을 만들기 위해 굳이 부모님과 아이들을 데리고 한 달에 한 번 여행을 다녀.	3대가 함께 갈 수 있는 여행지 리스트가 궁금하다면 댓글에 '궁금해'라고 적어 줘.
준비물	삼각대	어렸을 때 사진, 앨범	삼각대	삼각대	삼각대	삼각대
음악/ 효과	Serendipity	Serendipity	Serendipity	Serendipity	Serendipity	Serendipity
시간	2초	7초	4초	4초	6초	3초

이제 여러분이 쓴 대본으로 숏로그 스토리보드를 직접 적어 보세요.

	장면 1	장면 2	장면 3	장면 4	장면 5	장면 6
장면 (그림)						
대본 (자막)						
준비물						
음악/효과						
시간						

숏폼 콘텐츠를 제작할 때 특별한 장비나 복잡한 기술 없이도 쉽게 따라할 수 있는 촬영 기술이 있습니다. 휴대전화만으로 가능한 촬영 기술과 활용 방법에 대해 알아보겠습니다.

1) 휴대전화로 가능한 촬영 기술

❶ 정면 촬영

정면 촬영(Front Shot)은 가장 기본적인 촬영 기술로, 휴대전화를 정면으로 향하게 하고 인물이나 대상을 직접 바라보며 촬영합니다. 이 기술은 대화 장면이나 인터뷰 형식의 콘텐츠에 적합합니다. 시청자가 인물의 얼굴을 직접 보고 대화하는 듯한 느낌을 받을 수 있어 친근감을 높이는 데 도움을 줍니다.

▲ 정면 촬영 예시

❷ 클로즈업 촬영

클로즈업 촬영(Close-Up Shot)은 대상을 가까이에서 촬영해 디테일을 강조하는 기법입니다. 요리, 예술, DIY 등 다양한 분야에서 유용하게 사용될 수 있습니다. 이 기법을 통해 시청자에게 생생한 느낌을 전달할 수 있으며 특정 부분에 집중하게 만들어 주목도를 높일 수 있습니다. 예를 들어 요리 영상을 제작할 때 재료의 색감이나 질감을 강조하면 더욱 매력적인 콘텐츠가 됩니다.

▲ 크루즈업 촬영 예시

❸ 항공샷 촬영

항공샷 촬영(Aerial Shot)은 고공에서 넓은 장면을 포착하는 기법으로 풍경이나 대규모 이벤트를 담기에 적합합니다. 이 촬영 기법은 숏폼에서 넓은 장면보다는 한정된 공간에서 위에서 아래로 촬영하는 모습을 담을 때 사용합니다. 주로 튜토리얼과 같이 만드는 과정을 보여 줄 때 활용합니다. 항공샷 삼각대를 사용하면 움직임을 편하게 촬영할 수 있습니다.

▲ 항공샷 예시, @happydaynkkang
(출처: 인스타그램)

❹ 패닝 촬영

패닝 촬영(Panning Shot)은 팔을 고정한 상태에서 휴대전화를 들고 몸을 왼쪽에서 오른쪽으로 또는 오른쪽에서 왼쪽으로 천천히 움직이며 장면의 흐름을 보여 주는 촬영 기법입니다. 이 기법은 전체적인 장소의 분위기를 보여 주거나 여러 대상을 동시에 담고 싶을 때 유용합니다. 예를 들어 운동장에서 친구들이 축구하는 모습을 패닝 촬영으로 담으면 운동장의 전체적인 분위기와 역동성을 효과적으로 전달할 수 있습니다.

▲ 패닝 촬영 예시

❺ 틸트 촬영

틸트 촬영(Tilt Shot)은 휴대전화를 든 팔을 고정한 채 몸을 위에서 아래로 또는 아래에서 위로 움직여 촬영하는 기법입니다. 이 기법은 높은 건물, 자연 경관 등 웅장한 장면을 강조하는 데 효과적입니다. 예를 들어 높은 건물을 촬영할 때 아래에서 위로 틸트하며 촬영하면 그 높이를 더욱 강조할 수 있습니다.

▲ 틸트 촬영 예시

2) 촬영 기술의 활용 방안

이러한 촬영 기술들은 서로 조합해 사용할 수도 있으며 기획 단계에서 각 장면의 분위기와 목적에 맞게 적절히 활용하는 것이 좋습니다. 예를 들어 정면 촬영으로 상반신을 보여 주며 대화를 시작한 후 클로즈업 촬영으로 얼굴을 보여 주어 감정을 강조할 수 있습니다.

또 콘텐츠의 주제와 콘셉트에 따라 다양하게 변형할 수 있습니다. 예를 들어 유머러스한 요리 콘텐츠를 촬영할 때 빠른 패닝 촬영을 활용해 재료를 준비하는 모습을 보여 주고 요리 중 실수로 재료를 흘리는 장면을 클로즈업하면서 웃긴 자막을 추가하면 시청자에게 큰 웃음을 줄 수 있습니다.

마지막으로 소개한 촬영 기법들은 누구나 쉽게 따라 할 수 있으므로 기획에 앞서 촬영 기술을 시도해 보고 자신에게 가장 잘 어울리는 방법을 찾아보세요.

PART
3

휴대전화로
한 번에 가능한
숏폼 편집 5단계

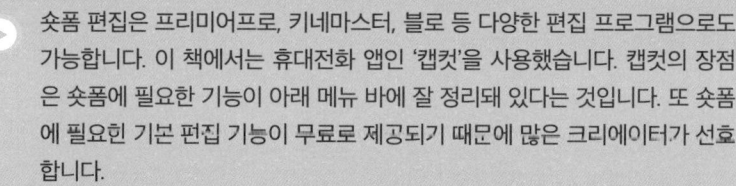

숏폼 편집은 프리미어프로, 키네마스터, 블로 등 다양한 편집 프로그램으로도 가능합니다. 이 책에서는 휴대전화 앱인 '캡컷'을 사용했습니다. 캡컷의 장점은 숏폼에 필요한 기능이 아래 메뉴 바에 잘 정리돼 있다는 것입니다. 또 숏폼에 필요힌 기본 편집 기능이 무료로 제공되기 때문에 많은 크리에이터가 선호합니다.

이번에는 처음 편집하는 사람도 숏폼 영상을 완성할 수 있도록 캡컷 설치부터 사진과 영상 불러오기, 컷 편집, 자막 넣기, 음악과 효과음 넣기까지의 5단계를 알아보겠습니다. 이 단계들을 통해 쉽고 빠르게 숏폼 영상을 제작할 수 있는 능력을 기를 수 있습니다.

해당 QR코드에 접속하면 단계별 숏폼 편집 방법을 확인할 수 있습니다.

숏폼 편집 1단계:
캡컷 시작하기

이 단계에서는 '캡컷' 설치 방법과 홈 화면 구성 내용을 확인해 편집 환경을 준비합니다. 앱의 다양한 기능을 탐색하며 숏폼 편집을 위한 기초를 다지는 기회를 가질 수 있습니다.

▶▶ 01-1 캡컷 설치하기

숏폼 영상 편집의 첫 번째 단계는 캡컷을 설치하는 것입니다. 캡컷을 설치하기 위한 구체적인 절차를 안내합니다. 캡컷을 설치한 후 창의적인 영상 제작을 시작해 보겠습니다.

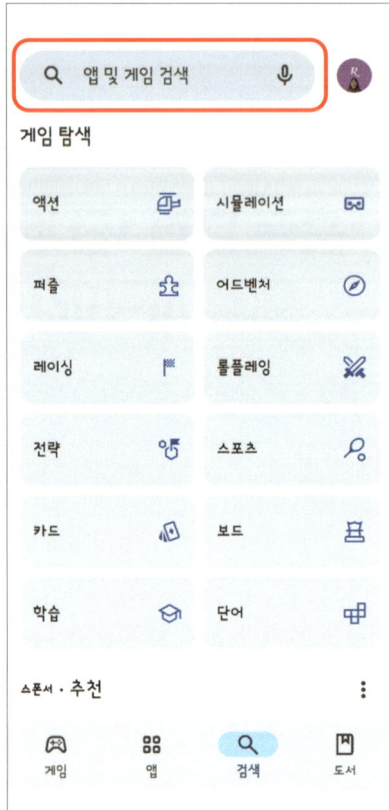

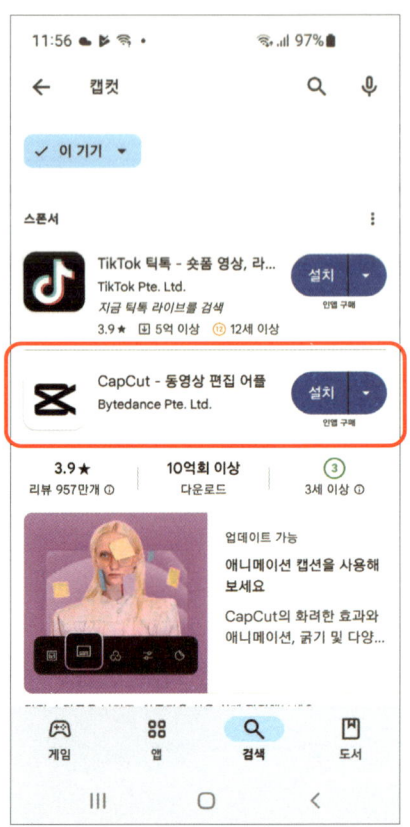

01 플레이 스토어(아이폰은 앱 스토어)에서 검색 창에 '캡컷'을 검색합니다.

02 [설치]를 탭합니다. 설치가 끝나면 [열기]를 탭합니다.

캡컷은 새로운 기능을 계속 업데이트합니다. 최신 버전으로 사용하길 원한다면 해당 화면을 확인해 업데이트를 진행해 주세요.

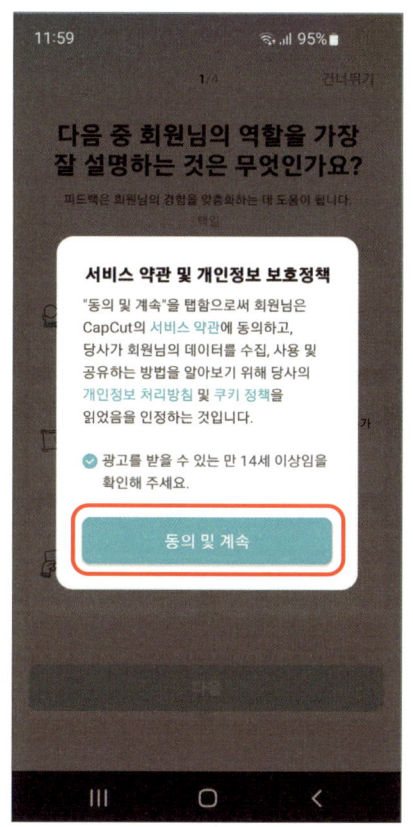

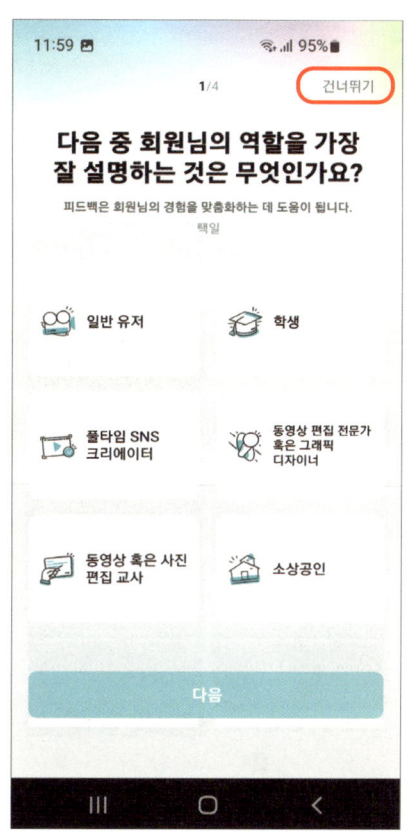

03 캡컷을 처음 열면 서비스 약관 및 개인정보 보호 정책에 관한 문구가 나타납니다. 자세히 읽어 본 후 [동의 및 계속]을 탭합니다.

04 이 화면은 캡컷을 처음 사용하는 사람을 대상으로 실시하는 설문 조사입니다. 우측 상단의 [건너뛰기]를 탭합니다.

캡컷을 무료로 사용할 때 광고가 나옵니다. 광고는 짧게 지나가니 확인 후 다음 과정을 진행해 주세요.

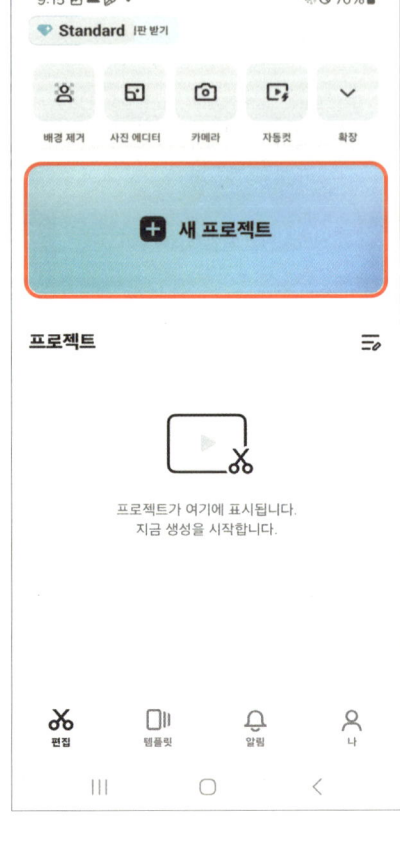

05 화면에 보이는 인기 템플릿을 X 를 탭해 지웁니다. 아래쪽에 [편집]을 탭합니다.

06 [새 프로젝트]를 탭해 숏폼 편집 을 시작합니다.

캡컷은 동영상 편집뿐 아니라 사진 편집도 가능합니다. 캡컷에서 제공하는 기능이 자주 업데이트되므로 기기와 시기에 따라 이 책의 화면과 현재 휴대전화를 보는 화면이 다를 수 있습니다.

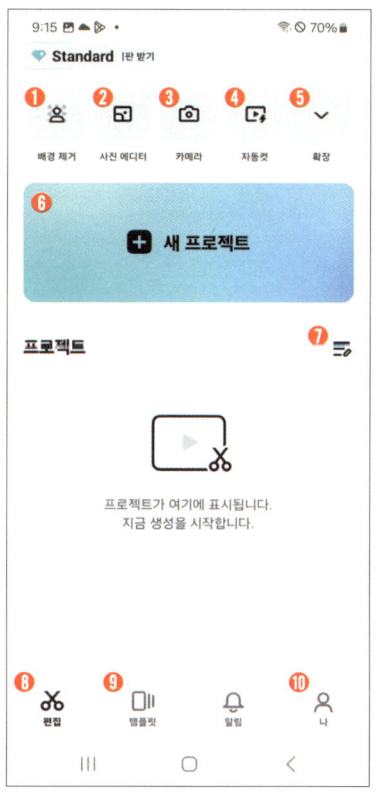

❶ **배경 제거**: 사진의 배경을 제거합니다.

❷ **사진 에디터**: 사진의 크기, 모양 등 사진을 편집합니다.

❸ **카메라**: 카메라 앱이 실행됩니다.

❹ **자동컷**: AI가 영상을 분석하여 자동으로 편집합니다.

❺ **확장**: 캡컷의 다양한 편집 도구를 보여 줍니다.

❻ **새 프로젝트**: 동영상 편집을 시작합니다.

❼ **필터**: 홈 화면에서 **프로젝트**들을 보기 원하는 구성으로 변경합니다.

❽ **편집**: 캡컷 홈 화면을 표시합니다.

❾ **템플릿**: 다른 크리에이터들이 만든 다양한 템플릿을 활용해 원하는 영상을 쉽게 만듭니다.

❿ **나**: 로그인 정보를 확인합니다.

같은 로그인 정보를 사용해 영상을 라이브러리 공간에 업로드하면 휴대전화가 변경돼도 내가 캡컷에서 편집했던 영상을 다른 기기(PC, 태블릿, 다른 휴대전화)에서 불러올 수 있습니다.

숏폼 편집 2단계: 영상, 사진, 이미지 불러오기

이번 단계에서는 동영상, 사진, 이미지를 불러오는 방법을 알아보겠습니다. 적절한 미디어 파일을 선택한 후에 불러오는 과정은 숏폼 영상 제작의 기초를 다지는 중요한 단계입니다.

▶▶ 02-1 휴대전화에서 동영상, 사진 불러오기

휴대전화에서 캡컷으로 동영상과 사진을 불러오는 방법을 알아보겠습니다. 캡컷은 갤러리(아이폰은 사진)처럼 동영상과 사진이 함께 보이지 않습니다. 동영상 탭과 사진 탭으로 나누어져 있으니 원하는 탭에 맞게 선택한 후 불러와야 합니다.

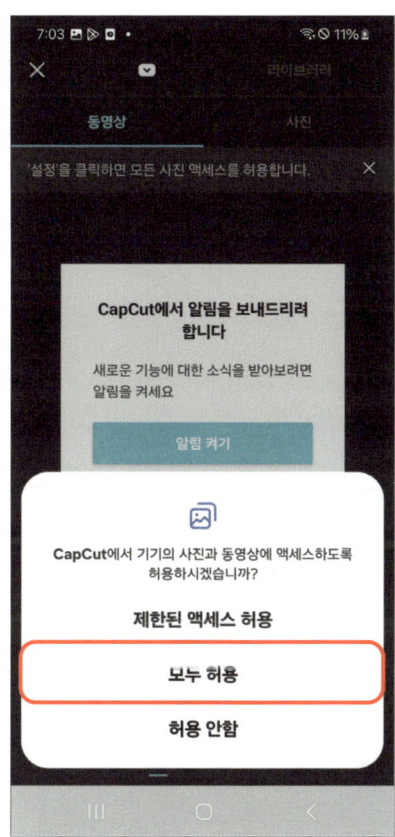

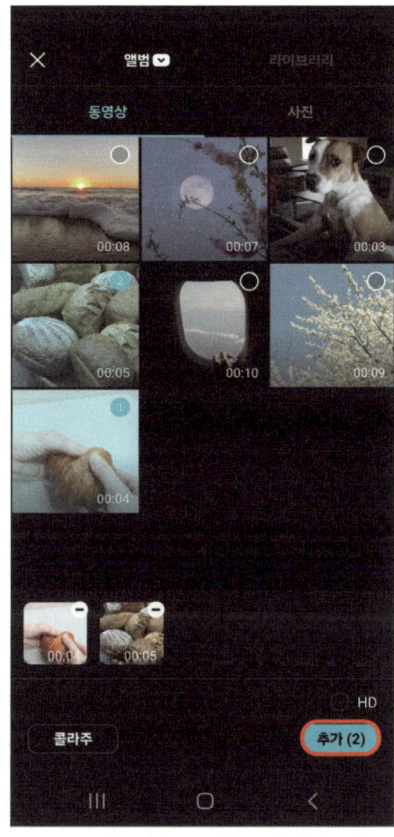

01 캡컷에서 휴대전화 갤러리(사진첩)에 있는 사진 및 동영상을 불러오기 위해 기기에 접근한다는 내용입니다. [모두 허용]을 탭합니다.

02 화면에서 편집하길 원하는 동영상과 사진을 선택합니다.

03 선택된 동영상과 사진이 맞다면 [추가]를 탭합니다. 원하지 않은 동영상과 사진이 있다면 [-] 버튼을 탭해 제거한 후 [추가]를 탭합니다.

앨범 옆에 있는 아래쪽 화살표 ⌄ 를 누르면 갤러리(아이폰은 사진)에 원하는 폴더를 선택할 수 있습니다. 이 기능을 이용해 편집할 동영상과 사진을 새로운 폴더에 모아 놓으면 편집할 때 편리합니다.

숏폼 편집에서 저작권 없는 사진과 동영상 소스를 활용하는 것은 중요한 요소입니다. 캡컷의 라이브러리 기능을 통해 다운로드 없이도 필요한 미디어를 쉽게 검색하고 활용할 수 있습니다.

1) 라이브러리 기능 이용하기

캡컷의 라이브러리 기능은 매우 직관적입니다. 사용자가 검색 창에 원하는 주제를 입력하면 저작권 없는 동영상과 사진을 즉시 확인할 수 있습니다.

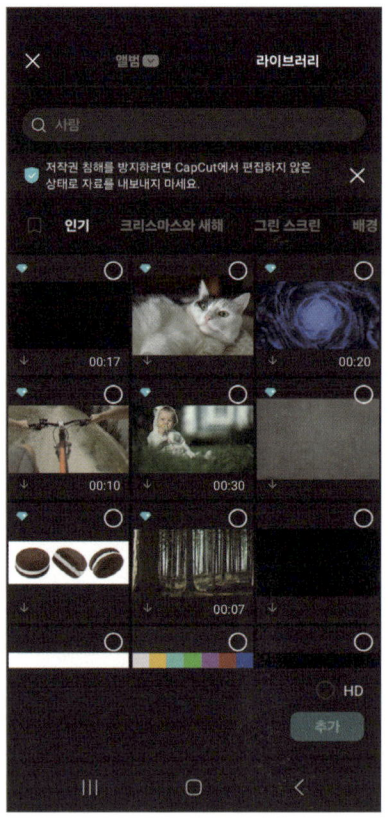

예를 들어 '자연', '도시', '음식'과 같은 키워드를 입력하면 관련된 이미지와 영상이 나타납니다. 또 필터 기능을 활용해 가로 비율과 세로 비율, 동영상 또는 사진 등 원하는 형태로 검색할 수 있습니다. 이를 통해 사용자는 필요에 맞는 미디어를 더욱 세밀하게 선택할 수 있으며 편집의 효율성을 높일 수 있습니다.

2) 미디어 추가 방법

라이브러리의 미디어를 선택한 후 추가하는 방법은 매우 간단합니다. 앨범에서 사진과 동영상을 불러오는 과정과 동일하게 원하는 미디어를 선택한 후 하단의 [추가] 버튼을 탭하면 됩니다. 이렇게 하면 선택한 미디어가 프로젝트에 쉽게 추가됩니다.

이러한 라이브러리 기능은 편집 시간을 단축시키고 다양한 소스를 활용해 콘텐츠를 만들어 내는 데 도움이 됩니다. 저작권에 대한 걱정 없이 사용할 수 있는 소스를 제공함으로써 영상을 더욱 자유롭게 제작할 수 있습니다.

▶▶ 02-3 편집 화면 살펴보기

편집에 대해 본격적으로 알아보기 전에 캡컷 편집 화면의 구성을 알아보겠습니다. 캡컷의 편집 화면은 직관적으로 설계돼 있어 사용하기 쉽습니다.

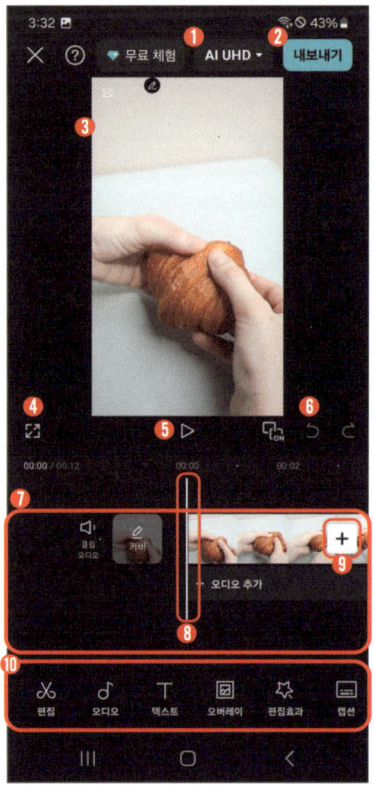

❶ **출력 설정**: 완성한 동영상을 내보내기 위한 해상도, 프레임 속도, 코드 속도를 설정합니다. 숏폼의 해상도는 1,080픽셀이 좋습니다.

❷ **내보내기**: 편집한 동영상을 기기 내에 저장합니다.

❸ **미리 보기 창**: 플레이헤드가 위치하고 있는 시간의 동영상을 보여 줍니다. 편집한 영상을 미리 볼 수 있습니다.

❹ **미리 보기 창 확대**: 미리 보기 창을 확대해 휴대전화에 꽉 찬 화면으로 볼 수 있습니다.

❺ **재생**: 타임라인에 있는 영상을 보여 줍니다.

❻ **되돌리기**: 편집한 내용의 전단계로 돌아갑니다.

❼ **타임라인**: 동영상, 사진, 자막 등 불러온 프로젝트가 보입니다. 첫 번째 줄은 '메인 타임라인', 두 번째 줄부터는 '서브 타임라인'이라고 부릅니다.

❽ **플레이헤드**: 동영상에서 원하는 지점을 찾기 위한 기준점 역할을 합니다.

❾ **추가**: 편집 화면에 동영상, 사진을 추가할 때 사용합니다.

❿ **메뉴 바**: 동영상 편집에 필요한 메뉴입니다.

숏폼 편집 3단계:
필요한 부분만 남기는 컷 편집하기

이번에는 숏폼 영상에서 필요한 부분만 남기는 컷 편집 기술을 알아보겠습니다. 이번 단계의 목표는 컷 편집을 통해 영상의 흐름을 매끄럽게 만들어 콘텐츠를 효과적으로 제작하는 것입니다.

▶▶ 03-1 숏폼 컷 편집할 때 꼭 알아야 할 것

시청자들은 같은 장면이 계속 보이면 지루함을 느끼고 다양한 장면이 빠르게 지나가면 시선이 집중됩니다. 그래서 숏폼을 만들 때 최대한 다양한 장면을 사용하되, 중요한 부분만 남기고 나머지 부분은 과감하게 없애야 합니다.

1) 시청자의 연령에 따른 컷 편집 기준 시간

컷 편집을 할 때 보여 주는 영상의 길이는 시청자의 특징에 맞춰야 합니다. 예를 들어 50대 이상의 시청자가 타깃일 경우 10대들이 좋아하는 빠르게 지나가는 영상은 피로감만 줄 뿐, 마음을 사로잡을 수 없습니다. 따라서 연령에 따라 같은 영상의 최대 길이를 다르게 정해야 합니다.

나이	10~20대	30~40대	50대 이상
영상의 최대 길이	0.5~1초	1~1.5초	2~3초

같은 장면을 보여 줄 때 50대 이상의 시청자가 타깃일 경우에는 그 장면을 충분히 볼 수 있도록 2~3초 정도에서 컷 편집합니다. 30~40대가 타깃일 경우에는 1~1.5초, 10~20대가 타깃일 경우에는 0.5~1초만 보여 줍니다.

2) 컷 편집만으로 시선을 사로잡는 법

대부분의 숏폼은 특별한 편집법을 사용하기보다 컷 편집과 자막, 음악만으로 만들어진 영상이 많습니다. 무엇이 특별해서 간단한 편집만으로 만든 영상을 계속 보게 되는 걸까요?

정말 멋지게 촬영해서 일 수도 있지만, 일반 크리에이터가 전문 촬영 감독처럼 영상을 촬영하는 경우는 드뭅니다. 비밀은 '음악'에 있습니다. 간단하게 편집했는데 시선을 사로잡는 영상들은 음악 박자에 맞게 컷 편집된 경우가 많습니다. 따라서 편집이 익숙해졌다면 꼭 음악 박자에 맞게 컷 편집하는 것을 추천합니다.

▶▶ 03-2 영상의 앞, 뒤 장면을 없애는 컷 편집

불필요한 시작 부분이나 마무리 장면을 제거하면 영상의 핵심 내용을 더욱 강조하고 시청자의 주의를 집중시킬 수 있습니다. 이를 통해 보다 간결하고 효과적인 숏폼 영상을 제작하는 기초를 다질 수 있습니다.

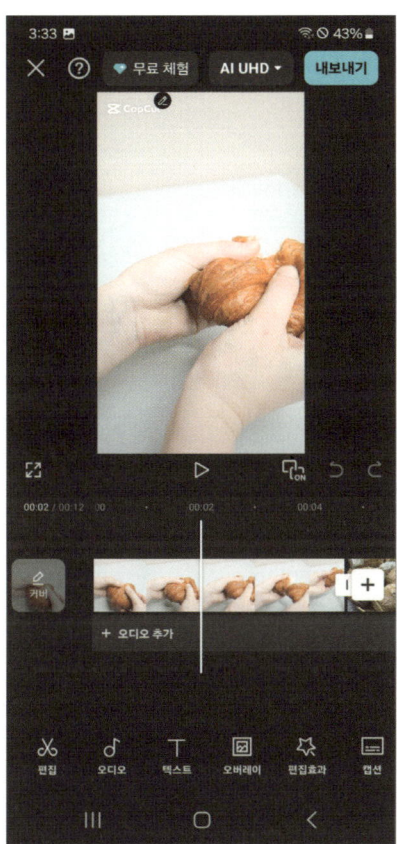
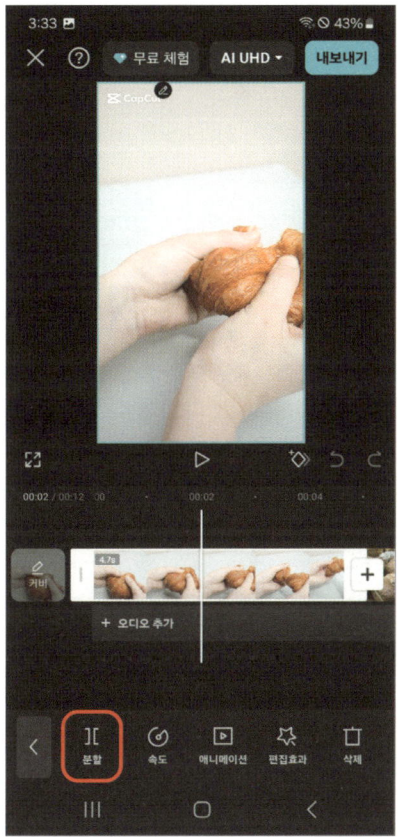

01 편집 화면의 빈 곳을 움직여 플레이헤드를 필요한 장면이 시작되는 지점에 둡니다. 편집을 처음 배운다면 우선 플레이헤드를 2초 지점에 맞춥니다.

02 타임라인의 영상을 탭합니다.

03 새로 나온 메뉴 바에 있는 [분할]을 탭합니다.

또 다른 컷 편집 방법을 알아보겠습니다. 컷 편집을 원하는 영상을 선택하면 흰색 테두리가 생깁니다. 이때 왼쪽 끝에 손을 올려 오른쪽으로 끌어당기면 영상의 앞 장면, 오른쪽 끝에 손을 올려 왼쪽으로 끌어당기면 영상의 뒤 장면을 없앨 수 있습니다.

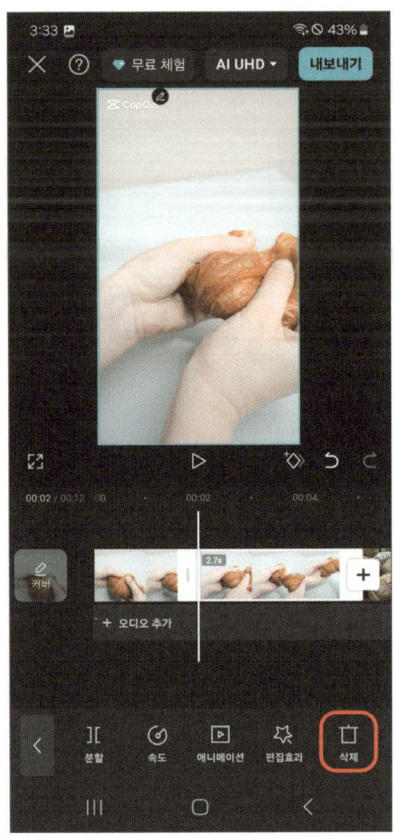

04 플레이헤드를 기준으로 뒤의 장면을 없애고 싶으면 바로 [삭제] 버튼을 탭합니다. 앞의 장면을 없애고 싶으면 앞의 장면을 탭한 후 [삭제] 버튼을 탭합니다.

흰색 테두리 선은 그 장면을 선택했다는 의미입니다. 따라서 어떤 장면을 없애거나 효과를 넣고 싶을 때는 원하는 장면에 흰색 테두리 선이 있는지 확인해야 합니다.

영상을 촬영하다 중간에 잘못 촬영했을 경우, 처음부터 다시 촬영하기보다 잘못 촬영한 부분을 이어서 촬영하는 경우가 많습니다. 그래서 영상의 중간 장면을 없애는 컷 편집 방법을 꼭 익혀야 합니다.

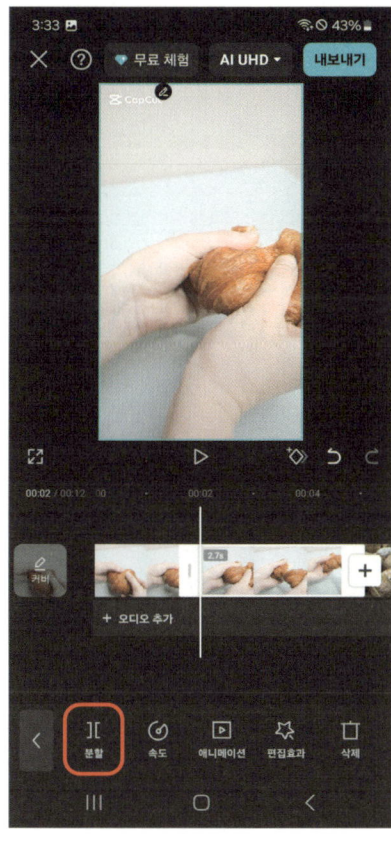
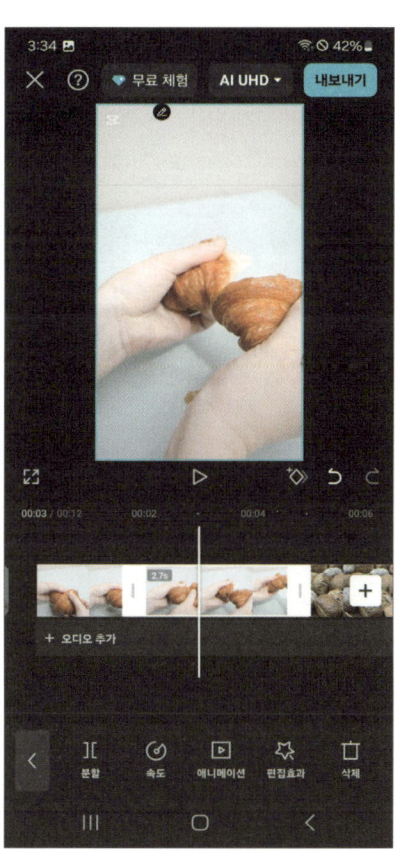

01 화면의 빈 곳을 움직여 플레이헤드를 없애길 원하는 장면이 시작하는 지점에 둡니다.
02 영상을 탭한 후 메뉴 바에서 [분할]을 탭합니다.

03 화면의 빈 곳을 움직여 플레이헤드를 없애길 원하는 장면이 끝나는 지점에 둡니다. 참고로 앞에 편집과 이어서 한다면 우선 플레이헤드를 1초가 지난 3초 지점에 맞춥니다.

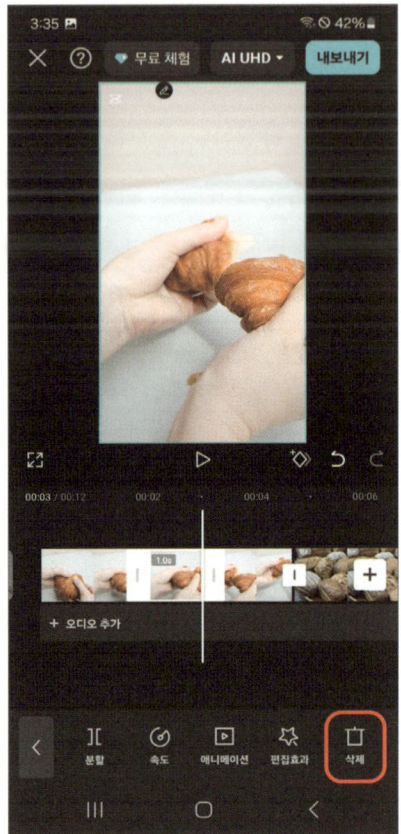

04 메뉴 바에서 [분할]을 탭합니다.

05 없애고 싶은 중간 장면을 탭합니다.

06 메뉴 바에서 [삭제]를 탭합니다.

숏폼 편집 4단계: 가독성을 높이는 자막 넣기

이번 단계에서는 숏폼 영상에 가독성을 높이는 자막을 넣는 방법에 대해 알아본 후 자막의 폰트, 크기, 색상 및 위치를 적절하게 선택해 메시지를 명확하게 전달하는 기술에 대해 알아보겠습니다.

▶▶ 04-1 숏폼에 자막을 넣을 때 꼭 알아야 할 것

자막은 단순한 텍스트 이상의 의미를 가지며 시청자의 이해를 돕고 영상의 메시지를 강화하는 중요한 요소입니다. 시청자들의 특징을 이해하고 숏폼 영상에 자막을 넣을 때 반드시 알아야 할 핵심 요소들을 살펴보겠습니다.

1) 장소에 상관없이 숏폼을 소비하는 시청자

조용한 장소에서 숏폼만을 보는 시청자는 없을 것입니다. 숏폼은 배움을 위해 집중해서 보는 영상이 아니라 흘러가는 시간을 소비하기 위한 수단, 지루한 시간을 재미있게 보내는 수단으로 사용합니다.

그래서 숏폼을 시청하는 장소가 지하철이 될 수도 있고 시끄러운 카페 안이 될 수도 있습니다. 시청자가 어떤 장소에서 숏폼을 보게 될지 모르기 때문에 영상의 내용을 이해할 수 있도록 자막을 꼭 넣어야 합니다.

2) 기존의 영상과는 다른 숏폼 자막 위치

유튜브나 영화의 자막은 모두 영상의 아래쪽에 위치합니다. 그런데 숏폼은 화면의 구성상 아래쪽에 넣으면 안 됩니다. 릴스, 숏츠, 틱톡 모두 아래쪽에는 채널명과 숏폼 영상의 제목이 있고 오른쪽에는 '좋아요'와 '싫어요', '댓글', '공유' 등의 버튼이 있습니다. 그래서 자막은 이것들을 피해서 넣어야 합니다. 이러한 이유로 화면을 가로로 4등분했을 때 아래쪽에서 4분의 1 지점을 피해서 넣어야 합니다. 좀 더 정확하게는 영상의 윗부분과 중간 부분에 넣는 것이 좋습니다.

▲ 숏츠, 릴스, 틱톡 화면

3) 시청자가 끝까지 읽는 자막 만드는 법

영상에 자막을 넣는 방법을 몰라 영상의 처음부터 끝까지 같은 자막이 보이는 경우가 종종 있습니다. 컷 편집에서 한 장면을 보여 주는 최대 시간이 정해져 있듯이 자막도 시간에 맞는 글자 수가 정해져 있습니다. 장면에 맞는 글자 수는 자막을 읽는 시간에 비례합니다.

예를 들어 '수원 3대 빵집 추천'이라는 문구를 읽는 데는 시간이 얼마나 걸릴까요? 대부분 1초 내외로 걸립니다. 연령에 따라 더 빨리 읽을 수도 있고 더 늦게 읽을 수도 있습니다. 만약 한 장면의 길이가 1초라면 아무리 빨리 읽어도 10자의 자막을 읽을 수 있습니다. 따라서 같은 내용이더라도 한 장면의 글자 수를 타깃 시청자의 나이에 맞춰 편집해야 자막과 영상을 끝까지 볼 수 있습니다.

나이	10~20대	30~40대	50대 이상
영상 길이	0.5~1초	1~1.5초	2~3초
글자 수	5자 이내	10자 이내	20자 이내

예를 들어 '무료로 가능한 키즈카페 지금 알려 줄게요'라는 자막을 시청자의 나이에 맞게 나눠 보면 다음과 같습니다.

- 10~20대: 무료로/가능한/키즈카페/지금/알려 줄게요
- 30대~40대: 무료로 가능한 키즈카페/지금 알려 줄게요
- 50대 이상: 무료로 가능한 키즈카페/지금 알려 줄게요

10대와 20대는 짧게, 자주 자막을 넣어 주는 것이 좋고 30대와 40대는 한 장면에서 글자의 내용이 이해될 수 있도록 자막을 넣어 주는 것이 좋습니다.

50대 이상은 한 장면에서 20자 이내의 글자 수가 가능하지만, 한 줄에 20자의 글자를 모두 넣으면 숏폼의 가로 화면이 좁아서 보이지 않습니다. 한 줄에 글자가 다 보이기 위해 글자 크기를 줄이면 너무 작아 읽기 불편합니다. 그래서 1줄에 최대 10자만 넣고 넘어가는 글자는 다음 줄에 적어 줍니다.

▶▶ 04-2 기본 자막 넣기

이번에는 숏폼 영상에 기본 자막을 추가하는 방법을 알아보겠습니다. 자막을 적절한 위치에 배치하면 시청자에게 중요한 메시지를 효과적으로 전달할 수 있습니다.

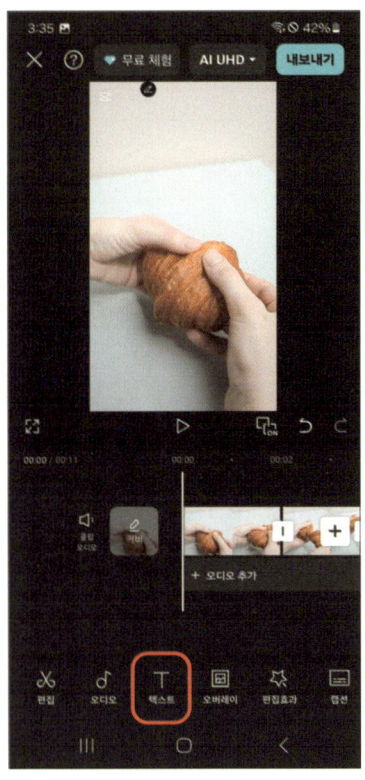

01 화면의 빈 곳을 움직여 플레이헤드를 자막이 시작되길 원하는 위치에 놓습니다. 처음 편집을 배운다면 플레이헤드를 맨 앞에 놓습니다.

02 메뉴 바에서 [텍스트]를 탭합니다.

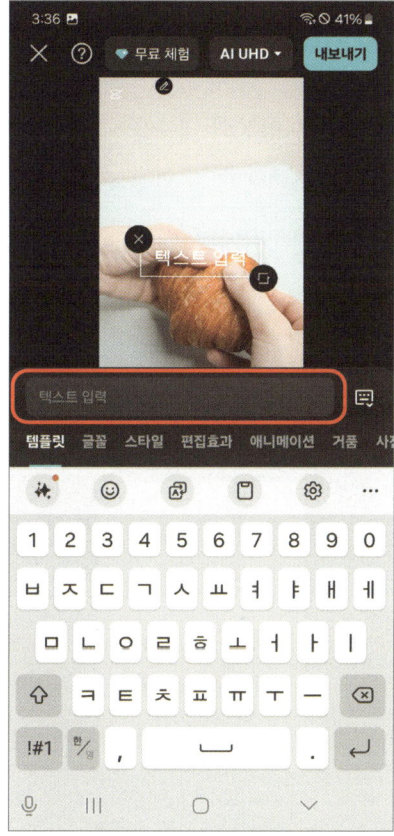

03 새로운 메뉴 바에서 [텍스트 추가]를 탭합니다.

04 장면과 어울리는 내용의 자막을 입력합니다. 처음 편집을 배우거나 무슨 내용을 넣어야 할지 모르겠다면 [3대 빵집 추천]이라고 적어 봅니다.

▶▶ 04-3 잘 읽히는 자막을 만드는 방법

자막은 영상의 내용을 쉽게 이해하는 데 중요한 역할을 하지만, 기본 흰색 자막은 화면에서 잘 보이지 않을 수 있습니다. 이 경우 글꼴을 바꾸거나, 자막 색상을 변경하거나, 테두리 또는 배경을 추가해 가독성을 높입니다.

1) 영상의 성격에 맞게 글꼴을 변경하는 방법

 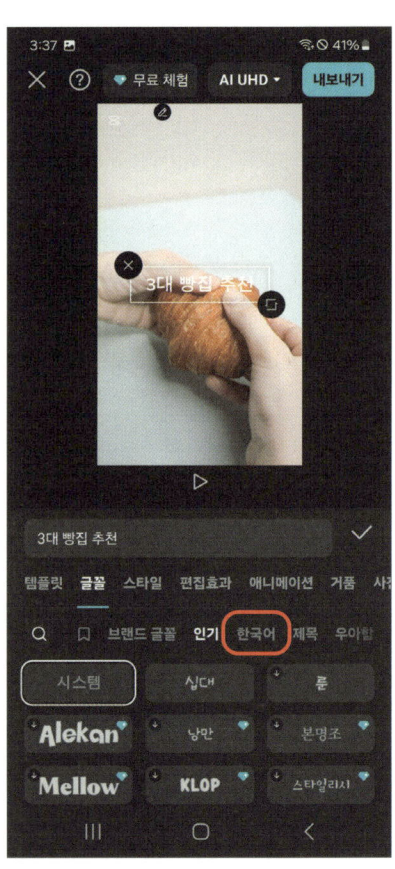

01 중간의 [글꼴]을 탭합니다.

02 [한국어]를 탭합니다.

03 보이는 글꼴 중 '다이아몬드' 모양
을 제외하고 모두 무료입니다. 글꼴 여
러 개를 탭해 봅니다.

04 장면과 가장 어울리는 글꼴을 선
택합니다.

글꼴은 영상의 성격에 맞게 선택하는 것이 좋습니다. 자막의 내용이 중요한 정보성 영상일
경우에는 '코트라 볼드체', '검은 고딕체', '버터'처럼 반듯하고 두꺼운 글꼴을 추천합니다. 숏
로그처럼 상황이나 생각을 전달하는 영상일 경우에는 '서울한강체 B', '나눔 명조체', '필기'
처럼 종이에 직접 쓴 듯한 글꼴을 추천합니다.

2) 기본 자막의 색깔을 변경하는 방법

01 글꼴 옆에 있는 [스타일]을 탭합 니다.

02 텍스트 아래의 다양한 색깔 중 원 하는 색을 선택합니다.

자막의 색깔은 검은색 또는 흰색을 많이 사용하고 특별히 강조하고 싶은 내용일 경우에는 빨간색이나 노란색을 많이 사용합니다.

3) 기본 자막의 테두리를 넣는 방법

01 화면 가운데에 보이는 다양한 테두리 색 중 원하는 색을 선택합니다.

02 테두리 색이 마음에 든다면 그대로 두고 배경색을 넣고 싶다면 맨 앞에 있는 [⊘](효과 없음) 버튼을 탭합니다.

화면 가운데에 보이는 그림자, 테두리, 배경색은 캡컷에서 추천하는 효과입니다. 편집을 처음 배운다면 추천하는 효과를 먼저 사용해 보세요.

4) 기본 자막의 배경을 넣는 방법

01 화면 아래의 메뉴에서 [배경]을 탭합니다.

02 원하는 자막 배경의 크기를 선택합니다. 자막이 좀 더 잘 읽히길 원한다면 첫 번째 자막 배경을 추천합니다.

배경의 색도 텍스트의 색처럼 변경할 수 있습니다. 컬러칩에서 원하는 색으로 변경해 봅니다.

5) 집중시키는 자막 애니메이션을 넣는 방법

 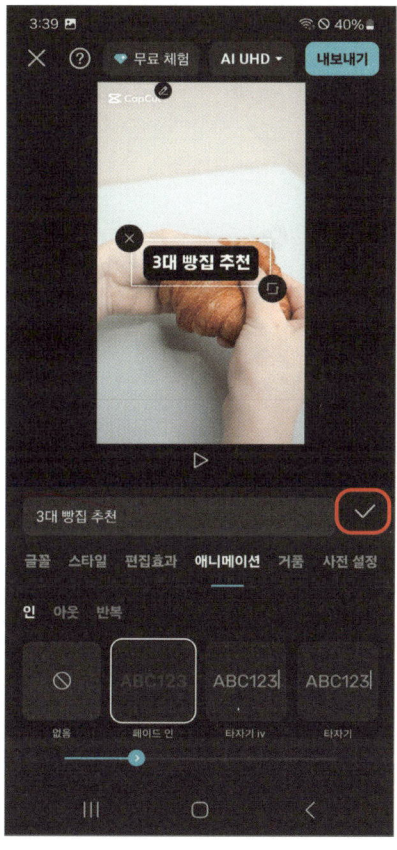

01 [애니메이션]을 탭합니다.

03 선택이 끝났다면 오른쪽 중앙에 있는 [∨]를 탭합니다.

02 '다이아몬드' 모양이 적혀 있는 효과는 유료입니다. 하나씩 터치해 본 후 원하는 애니메이션을 선택합니다.

자막마다 다른 종류의 애니메이션을 사용하면 시청자가 피로감을 느낄 수 있습니다. 자막 애니메이션은 1~2가지 종류만 선택하는 것을 추천합니다. 자막 애니메이션을 처음 사용해 본다면 '페이드 인'과 '타자기' 효과를 추천합니다.

6) 장면의 길이에 맞춰 자막을 넣는 방법

01 작성한 자막에 흰색 테두리가 있는지 확인합니다. 흰색 테두리가 없다면 작성한 자막을 탭합니다.

02 편집 화면의 빈 곳을 움직여 플레이헤드를 장면과 장면 사이에 정확히 맞춥니다.

장면과 장면 사이의 작은 흰색 네모에 있는 검은색 줄에 맞추면 장면 사이를 정확히 맞출 수 있습니다.

03 아래 메뉴 바에서 [분할]을 탭합 니다.

04 분할된 뒤쪽 자막을 탭합니다.

05 아래 메뉴 바에서 [삭제]를 탭합 니다.

7) 텍스트 추가로 연속 자막을 만드는 방법

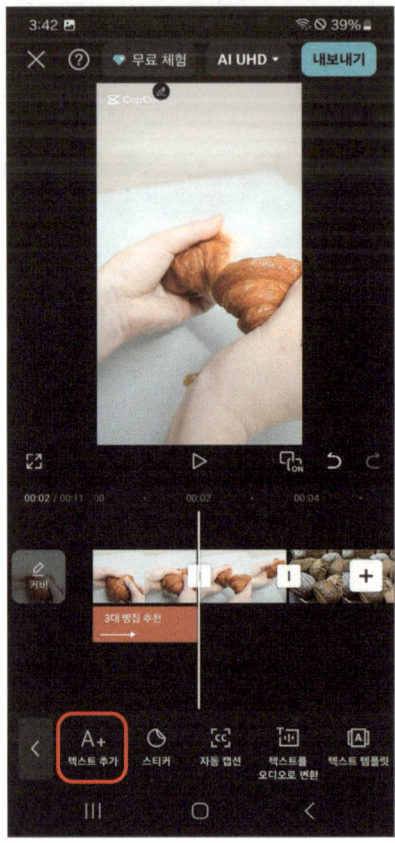

01 아래 메뉴 바에서 [텍스트 추가]를 탭합니다.

02 장면의 내용에 맞는 텍스트를 입력합니다.

03 모두 적었다면 아래쪽에 있는 [∨]를 탭합니다.

04 오른쪽 중앙에 있는 [V]를 탭합
니다.

05 화면의 빈 곳을 움직여 플레이헤
드를 장면이 끝나는 위치에 맞춥니다.

06 아래 메뉴 바에서 [분할]을 탭합
니다.

자막을 넣는 영상에 플레이헤드를 두고 다음 영상을 선택하면 플레이헤드가 정확하게 앞의
영상이 끝나는 위치(다음 영상이 시작하는 위치)에 옵니다.

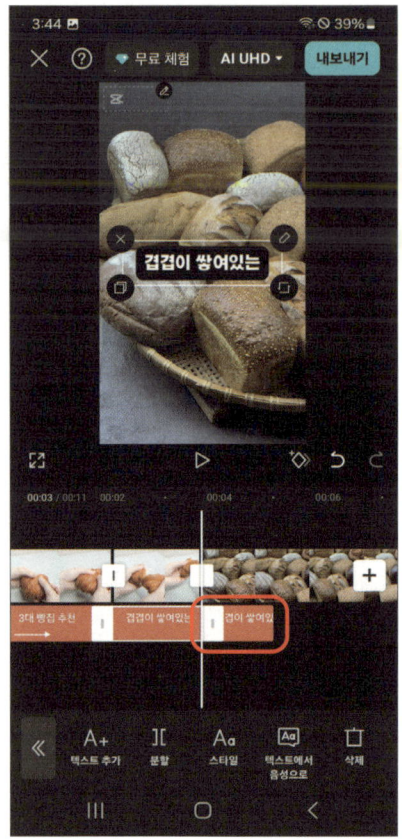

07 분할된 뒤쪽 자막을 탭합니다.

08 [삭제]를 탭합니다.

8) 텍스트 복제로 연속 자막을 만드는 방법

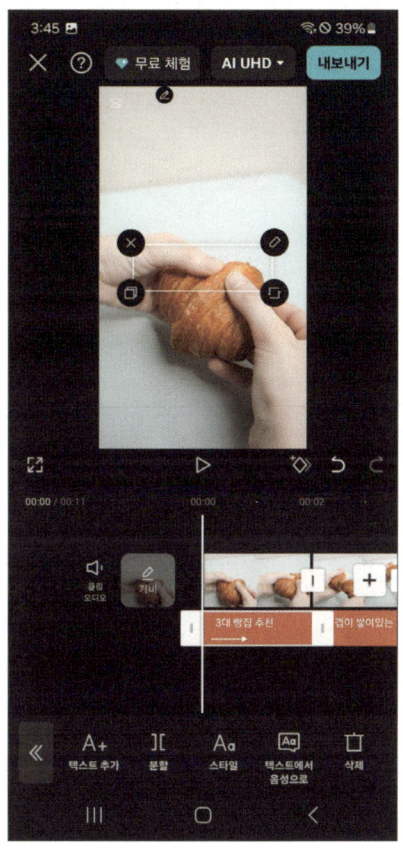

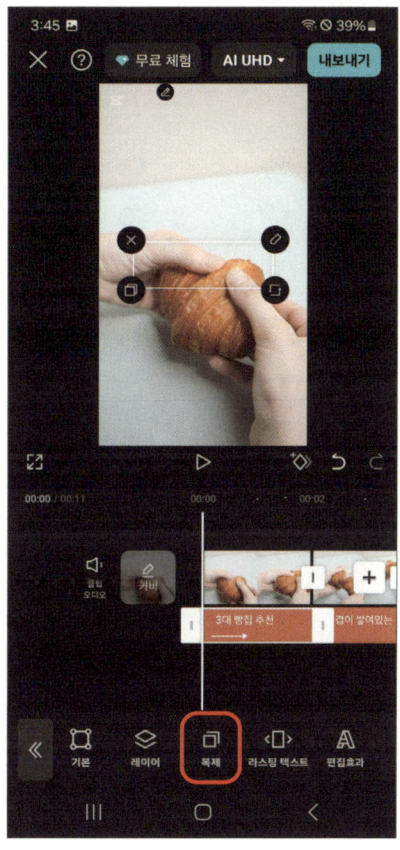

01 복제를 원하는 자막을 탭합니다.

02 메뉴 바를 왼쪽으로 움직여 [복제] 버튼을 찾습니다.

03 [복제] 버튼을 탭합니다.

텍스트 추가는 글꼴과 배경색을 그대로 사용할 수 있습니다. 텍스트 복제는 글꼴, 배경색, 애니메이션, 위치를 그대로 사용할 수 있습니다.

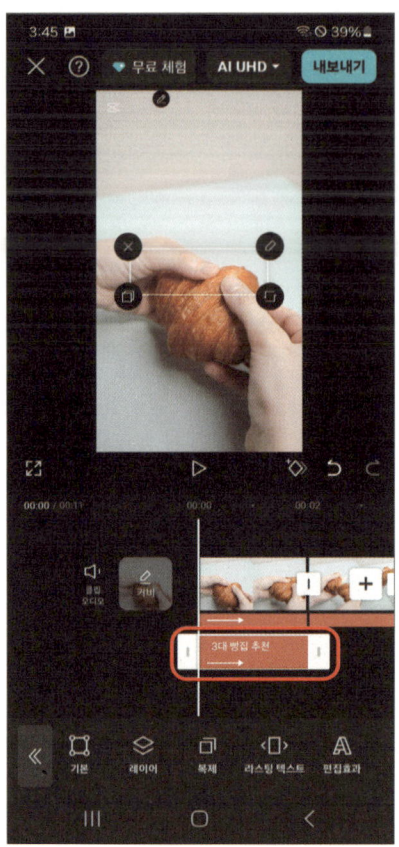

04 복제한 자막을 길게 누릅니다.

05 진동이 느껴지면 다음 장면의 시작 점에 맞춰 복제한 자막을 이동합니다.

알아 두기

사진이나 영상을 이동할 때도 자막을 이동한 것과 같은 방법을 사용합니다. 이동하길 원하는 것을 길게 누르면 진동이 오면서 화면에서 뜨는 모습을 볼 수 있습니다. 이때 원하는 위치에 둡니다.

06 이동한 자막을 탭합니다.

07 [스타일]을 탭합니다.

08 기존 자막의 내용을 지우고 새로운 장면에 맞는 자막의 내용을 적습니다.

09 모두 적었다면 아래쪽에 있는 [V]를 탭합니다.

10 오른쪽 중앙에 있는 [V]를 탭합니다.

텍스트를 넣는 다른 방법을 알아보겠습니다. 텍스트를 영상의 끝까지 늘립니다. 그다음 장면에 맞게 텍스트를 분할합니다. 분할된 텍스트를 선택한 후 스타일을 탭합니다. 자막의 문구를 각 장면에 맞는 내용으로 수정합니다.

▶▶ 04-4 AI로 자동 자막 만들기

장면에 맞는 자막을 일일이 작성하는 것이 힘들 경우 '캡션' 기능을 활용하면 자막을 자동으로 생성할 수 있습니다. 이 기능은 녹음된 소리를 자막으로 변환합니다. 유료 서비스이므로 캡컷 결제 이용자에게 추천합니다.

1) 캡컷에서 음성을 녹음하는 방법

01 아래 메뉴 바에서 [오디오]를 탭합니다.

02 새로 나온 메뉴 바를 왼쪽으로 움직여 [녹음]을 찾습니다.

03 [녹음]을 탭합니다.

04 가운데에 있는 마이크 모양을 탭합니다.

텔레프롬프터에 녹음할 내용을 미리 작성해 보세요. 녹음할 때 영상 위에 미리 작성해 놓은 글자가 함께 보여 도움이 됩니다.

05 '캡컷에서 오디오를 녹음하도록 허용하시겠습니까?'라는 메시지가 나타납니다. [앱 사용 중에만 허용]을 탭합니다. 이 문구는 이번 한 번만 나타납니다.

06 가운데에 있는 마이크 모양을 다시 탭합니다.

07 '3, 2, 1' 숫자가 나타난 후 녹음이 시작됩니다. 장면에 맞게 녹음할 내용을 말한 후 다시 [마이크] 버튼을 탭합니다.

08 녹음한 내용이 마음에 든다면 오른쪽에 있는 [V]를 탭합니다. 마음에 들지 않다면 왼쪽에 있는 [삭제]를 누른 후 [마이크] 버튼을 눌러 다시 녹음합니다.

갤럭시의 경우에는 [삭제] 버튼을 눌렀을 때 자동으로 플레이헤드가 앞쪽으로 이동해 첫 장면부터 녹음이 가능합니다. 하지만 아이폰은 자동으로 이동하지 않습니다. 첫 장면부터 녹음하길 원한다면 플레이헤드가 가리키는 위치를 조정한 후에 녹음합니다.

2) 자막을 자동으로 만드는 방법

 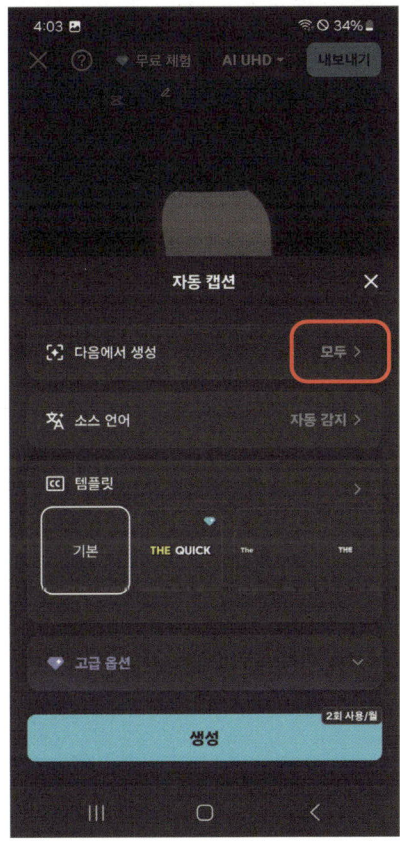

01 메뉴 바에서 [캡션]을 탭합니다.

02 [다음에서 생성]의 [모두 >]를 탭합니다.

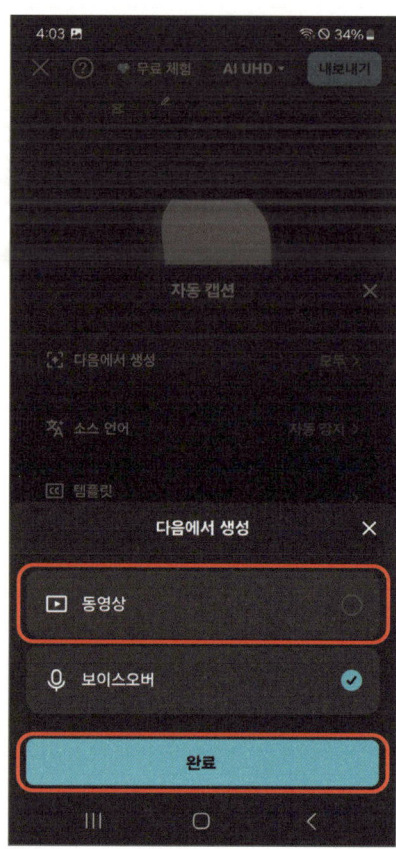

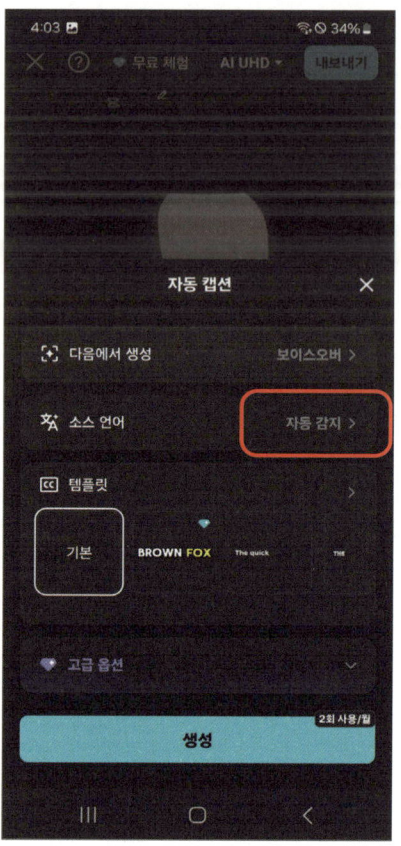

03 [동영상]을 탭해 체크 표시를 해제합니다.

04 [완료]를 탭합니다.

05 녹음한 내용을 한국어 자막으로 만들기 위해 [소스 언어]의 [자동 감지 >]를 탭합니다.

동영상 소리를 자막으로 만들기 원한다면 이 과정에서 [보이스오버]를 탭해 동영상이 선택되게 합니다.

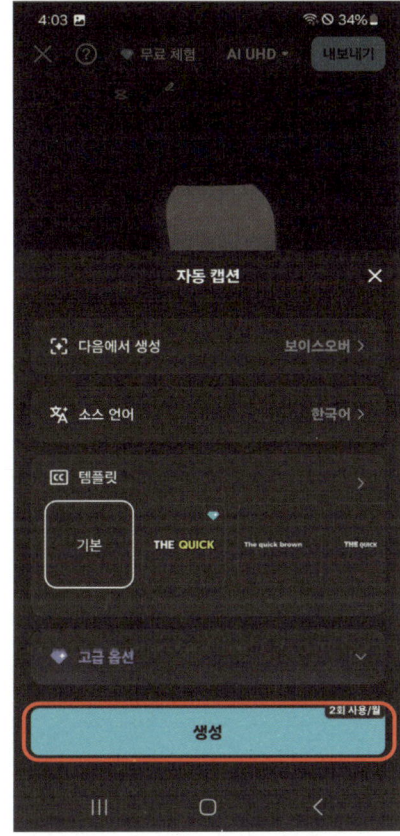

06 [한국어]를 탭합니다.

07 오른쪽 위에 있는 [⌄] 버튼을 탭
합니다.

08 아래쪽에 있는 [생성]을 탭합니다.

자동 캡션 기능은 무료 사용자도 한 달에 2회를 사용할 수 있습니다.

3) 자동 캡션(자동 자막)을 편집하는 방법

    자동 캡션은 AI가 사람의 말을 인식해 자막을 만들어 주는 기능이기 때문에 맞춤법이 맞지 않을 수 있습니다. 따라서 캡션(자막)을 따로 편집해야 합니다.

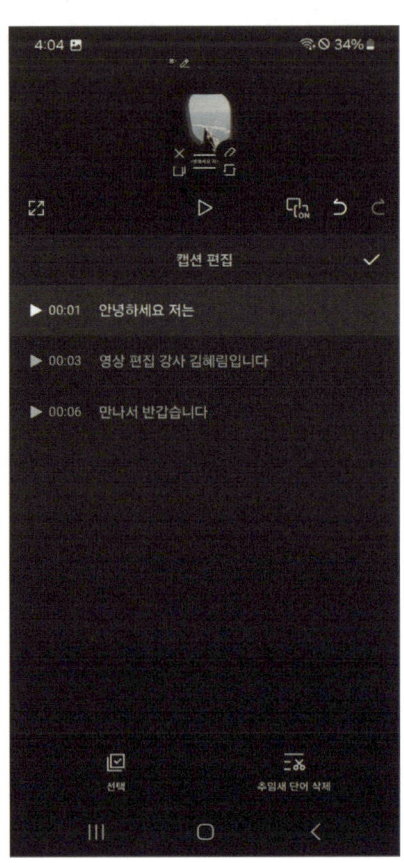

01 메뉴 바에서 [캡션 편집]을 탭합니다.

02 캡션 편집에서 말의 내용과 자막의 내용이 맞지 않는 구간을 탭합니다. 내용이 맞더라도 한 줄에 10자 이상의 글자가 있다면 탭해서 수정합니다.

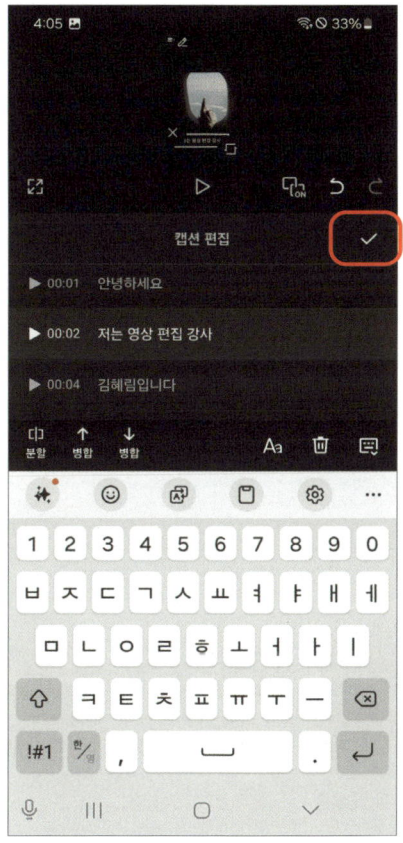

03 자막의 내용이 다음 장면에 들어 가길 원한다면 [분할]을, 2개의 자막의 내용이 한 장면에 나오길 원한다면 [병 합]을 탭합니다.

04 캡션 편집이 모두 끝났다면 [∨] 를 탭합니다.

05 아래 메뉴 바에서 [스타일]을 탭 합니다.

 TIP

문자의 내용을 수정하는 것처럼 캡션 편집을 생각해 보세요. 내용을 지우거나 두 줄의 내용 을 하나로 합치고 싶다면 ⊡, 한 줄의 내용이 10자 이상으로 길어서 다음 장면에 나오길 원 한다면 Enter.⏎ 를 누릅니다.

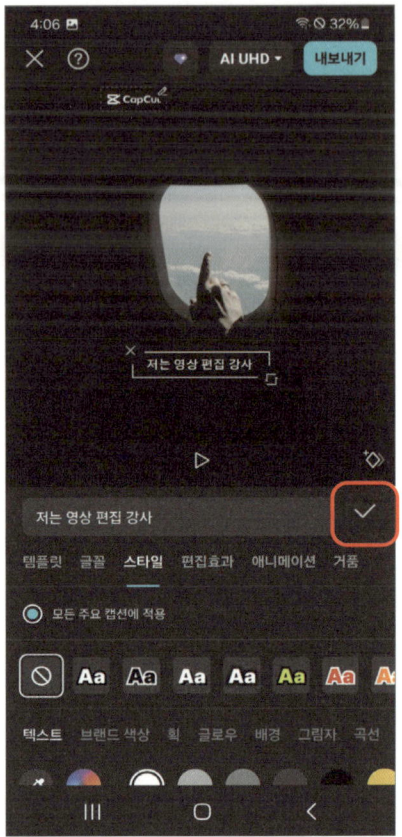

06 가운데 메뉴에서 [스타일]을 탭
합니다.

07 글꼴과 테두리, 배경색, 위치 등
원하는 형태로 자동 캡션을 변경합니
다. 이 과정에서 스타일이나 자막의 위
치를 변경하면 생성된 자동 캡션이 모
두 변경됩니다.

08 선택이 모두 끝났다면 [V]를 탭
합니다.

숏폼 편집 5단계:
집중력을 높이는 배경 음악, 효과음 넣기

이번 단계에서는 숏폼 영상의 집중력을 높이기 위해 배경 음악과 효과음을 추가하는 방법을 알아보겠습니다. 음악과 효과음은 영상의 분위기를 결정할 뿐만 아니라 몰입감 있는 콘텐츠를 만드는 데도 도움이 됩니다.

▶▶ 05-1 배경 음악, 효과음을 넣을 때 꼭 알아야 하는 것

배경 음악과 효과음을 삽입할 때 유의해야 할 중요한 요소들을 살펴보겠습니다. 음악의 톤과 장르는 영상의 주제와 잘 어우러져야 하며 효과음은 적절한 타이밍에 사용해야 효과를 극대화할 수 있습니다.

1) 분위기를 주도하는 배경 음악

같은 숏폼 영상이더라도 어떤 배경 음악을 입히느냐에 따라 시청자의 반응이 달라집니다. 예를 들어 달걀이 깨진 상황에 신나는 음악과 웃음소리를 넣으면 재미있게 바라보게 되지만 슬픈 음악을 넣으면 걱정스럽게 바라보게 됩니다.

또 유행하는 음악을 사용해 숏폼을 만들면 친숙하게 느낄 수 있습니다. 그 대신 유행하는 음악이 영상의 내용과 어울려야 그 효과를 발휘할 수 있습니다. 따라서 영상의 내용에 어울리는 배경 음악을 넣는 것이 가장 중요합니다.

2) 배경 음악은 '배경' 음악이다

영상에서 배경 음악이 큰 역할을 하지만 배경 음악은 배경일 뿐입니다. 배경 음악을 선택하기 전에 배경 음악의 소리가 중요한지, 영상의 소리가 들리는 게 중요한지를 먼저 생각해야 합니다. 영상에 소리가 들려야 하거나 직접 말하는 소리가 잘 들려야 한다면 배경 음악은 가사가 없는 반주 음악인 MR을 추천합니다.

3) 아이들의 집중력을 잡는 효과음

키즈 유튜브 채널은 집중력이 낮은 아이들이 영상을 끝까지 재미있게 시청하도록 하기 위해 다양한 영상 효과와 효과음을 사용합니다. 숏폼을 보는 시청자들도 키즈 유튜브 채널의 시청자인 아이들과 같습니다. 숏폼은 비슷해 보이는 영상 중 내가 만든 영상을 끝까지 보게 만들기 위해 다양한 영상 효과를 사용합니다. 효과음은 이 영상 효과를 제대로 느끼게 만드는 MSG 역할을 합니다. 따라서 효과음은 꼭 있어야 하는 건 아니지만 더 맛깔나는 영상을 만들고자 할 때 사용합니다.

  이번에는 다양한 음악 라이브러리에서 무료 음악을 선택해 숏폼 영상의
완성도를 높이는 방법을 알아보겠습니다. 음악을 영상의 길이에 맞게 적절히
배치해 조화롭게 만드는 과정입니다.

01 아래 메뉴 바에서 [오디오]를 탭
합니다.

02 바뀐 메뉴 바에서 [사운드]를 탭
합니다.

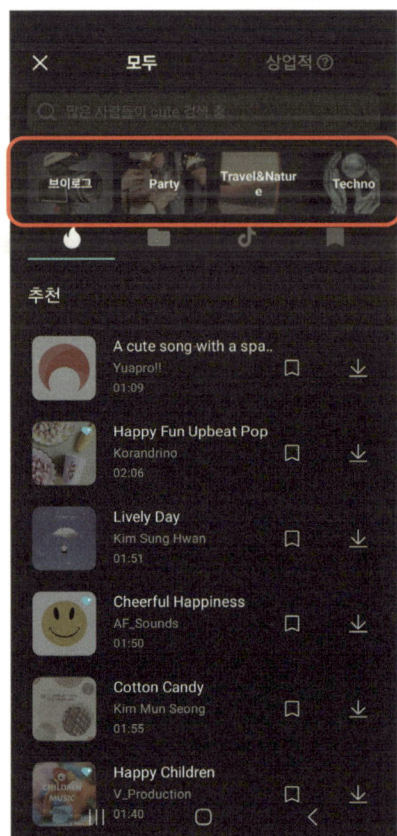

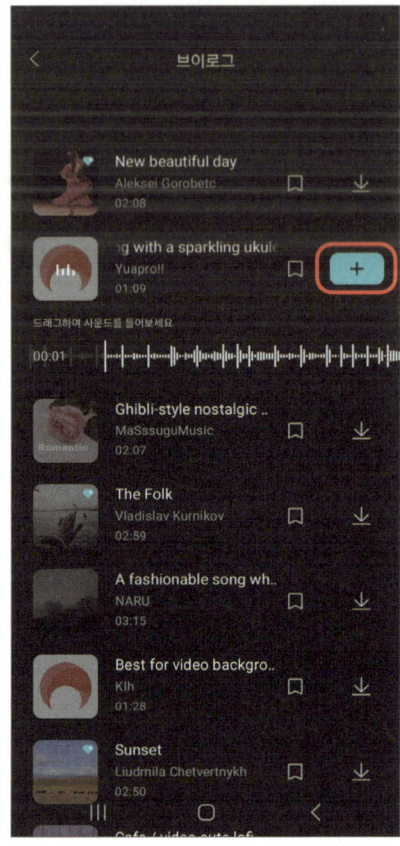

03 위쪽의 음악 폴더 중 하나를 선택
합니다. 편집을 처음 해 본다면 [브이로
그]를 탭합니다.

04 음악 중 '다이아몬드' 모양이 있는
것은 유료입니다. '다이아몬드' 모양이
없는 음악을 탭해서 들어 봅니다.

05 음악이 마음에 든다면 오른쪽에
있는 [+] 버튼을 탭합니다.

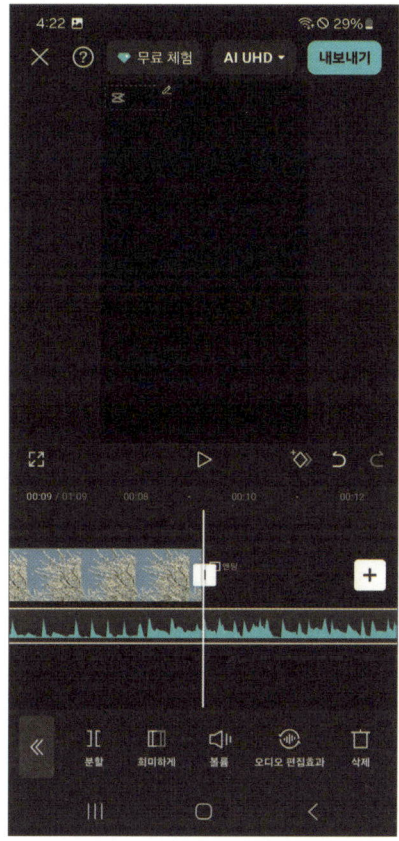

06 타임라인에 음악이 들어간 것을 확인합니다.

07 편집 화면의 빈 곳을 움직여 영상의 끝부분에 플레이헤드를 놓아 둡니다.

08 아래 메뉴 바에서 [분할]을 탭합니다.

알아 두기

캡컷은 영상이 끝나도 음악이 있으면 자동으로 빈 장면(검은 화면)을 만들어 영상을 이어갑니다. 따라서 음악도 영상에 맞게 컷 편집해야 합니다.

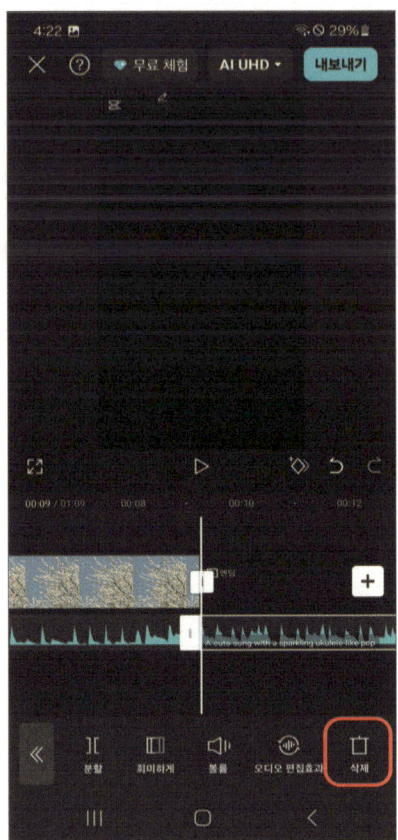

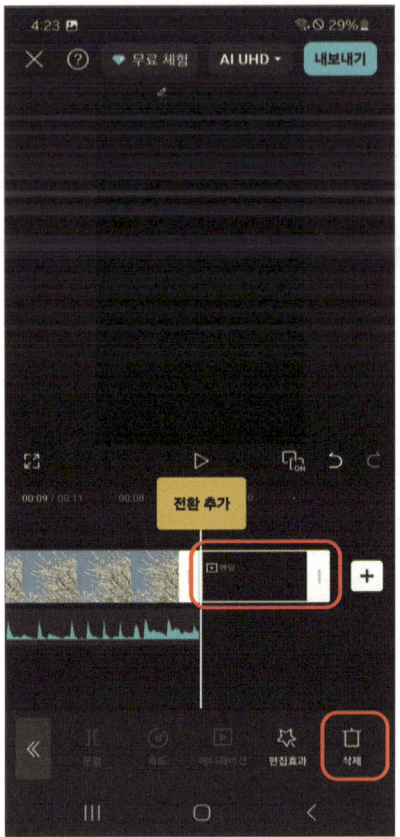

09 메뉴 바에서 [삭제]를 탭합니다.

10 영상의 마지막 장면인 엔딩은 필요 없는 장면입니다. 엔딩 장면을 탭한 후 [삭제]를 탭합니다.

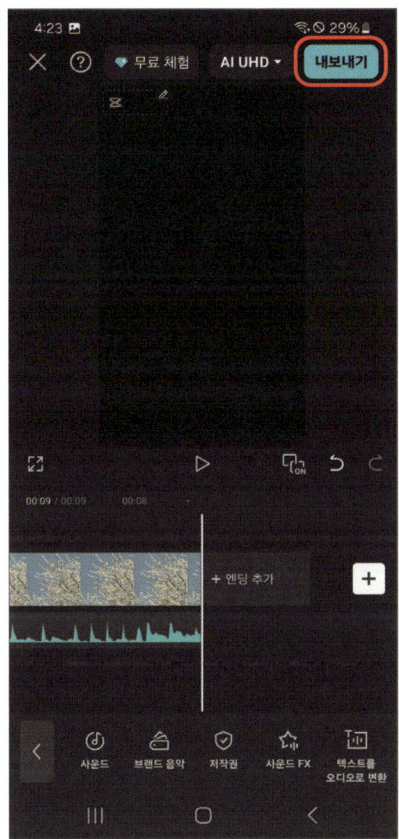

11 영상이 완성되었다면 [내보내기]
를 탭합니다.

12 [완료]를 탭합니다.

내보내기 옆에 있는 [AI UHD ▼] 버튼을 탭하면 해상도와 프레임 속도, 워터마크의 위치 등
을 수정할 수 있습니다. 워터마크는 유료로 결제할 경우에만 없앨 수 있습니다.

효과음은 특정 장면을 강조하거나 재미를 더하는 데 중요한 역할을 합니다. 캡컷에서 효과음을 추가하는 방법을 알아보고 자주 사용하는 효과음의 예시를 통해 적절한 효과음을 선택하는 방법을 알아보겠습니다.

01 편집 화면의 빈 곳을 움직여 효과음이 시작되길 원하는 위치에 플레이헤드를 놓아 둡니다. 편집을 처음 해 본다면 맨 앞에 플레이헤드가 오게 만듭니다.

02 아래 메뉴 바에서 [오디오]를 탭합니다.

03 바뀐 메뉴 바에서 [사운드 FX]를 탭합니다.

04 다양한 효과음 중 전환 메뉴를 추천합니다. 효과음 메뉴를 왼쪽으로 이동하여 [전환]을 탭합니다.

05 효과음을 탭해 원하는 효과음을 찾습니다.

'획', '띵', '뿅'과 같은 효과음을 많이 사용합니다.

06 마음에 드는 효과음을 찾았다면 오른쪽에 있는 [+] 버튼을 탭합니다.

07 타임라인에 효과음이 들어간 것을 확인합니다.

  개인적으로 보유하고 있는 음악 파일이나 효과음을 캡컷으로 쉽게 전송해 사용할 수 있는 방법을 알아보겠습니다. 이 과정을 통해 자신만의 음악을 추가하면 영상을 더욱 매력적으로 만들 수 있습니다.

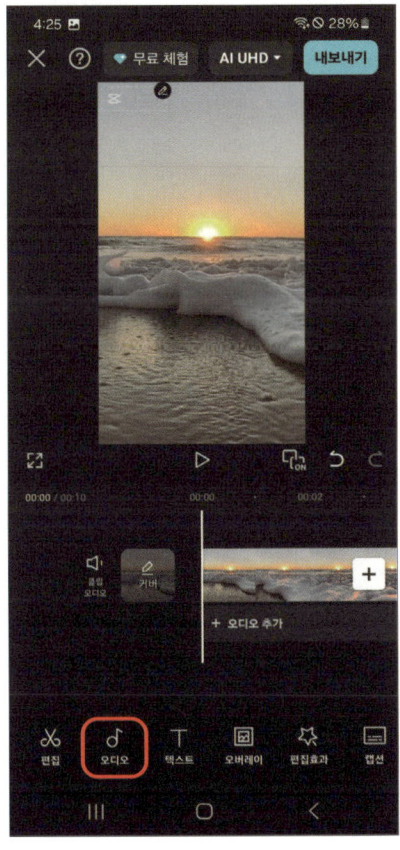

01 메뉴 바에서 [오디오]를 탭합니다.

02 메뉴 바에서 [사운드]를 탭합니다.

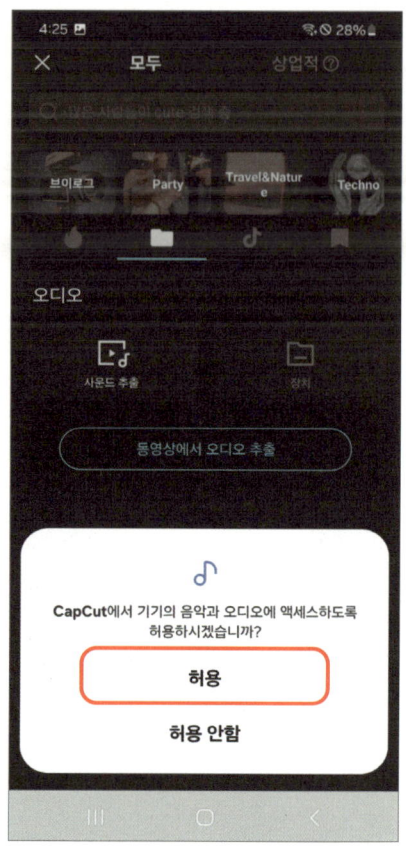

03 화면의 중앙에 있는 폴더 모양을 탭합니다.

04 [장치]를 탭합니다.

05 'CapCut에서 기기의 음악과 오 디오에 액세스하도록 허용하시겠습니 까?'라는 메시지가 나타납니다. [허용] 을 탭합니다.

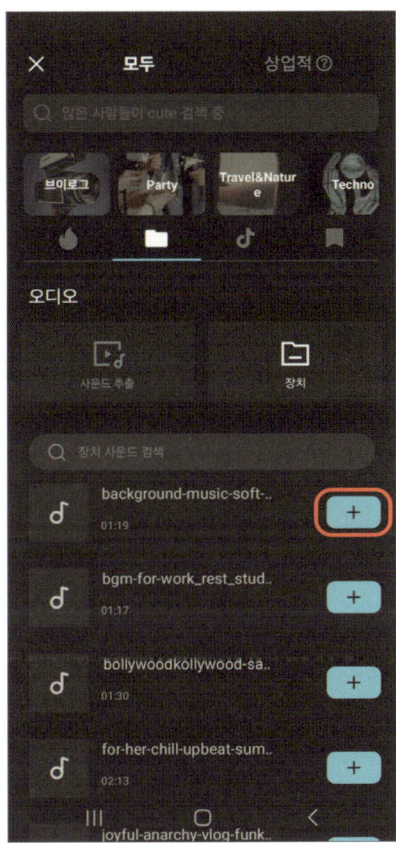

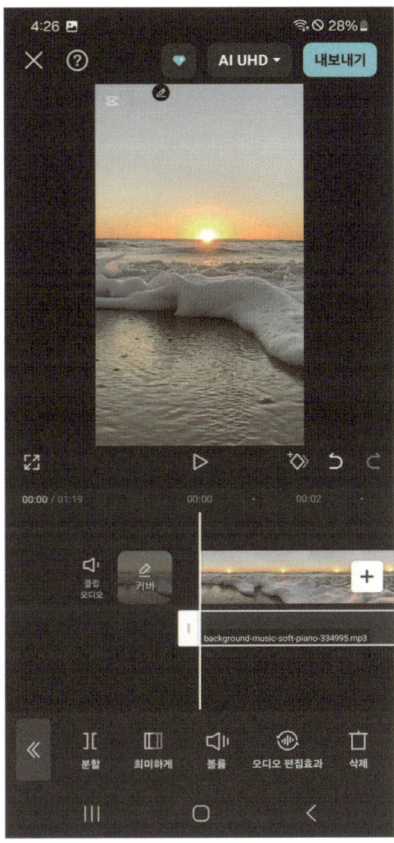

06 음악을 탭해 들어 봅니다. 원하는 음악을 찾았다면 [+] 버튼을 탭합니다.

07 타임라인에 음악이 들어간 것을 확인합니다.

숏폼 제작 시 저작권을 지키지 않으면 영상이 삭제되거나 벌금을 물 수도 있습니다. 이를 방지하기 위해 숏폼 제작할 때 도움이 될 저작권 없는 사이트를 추천합니다.

1. 저작권 없는 사진 및 영상 사이트 추천

❶ 픽사베이

픽사베이(Pixabay)는 저작권 없는 사진과 영상, 일러스트, 음악과 효과음을 제공하는 사이트입니다. 한국어로 검색이 가능하며 눈 내리는 영상, 크로마키 영상과 같은 다양한 영상 소스도 제공합니다.

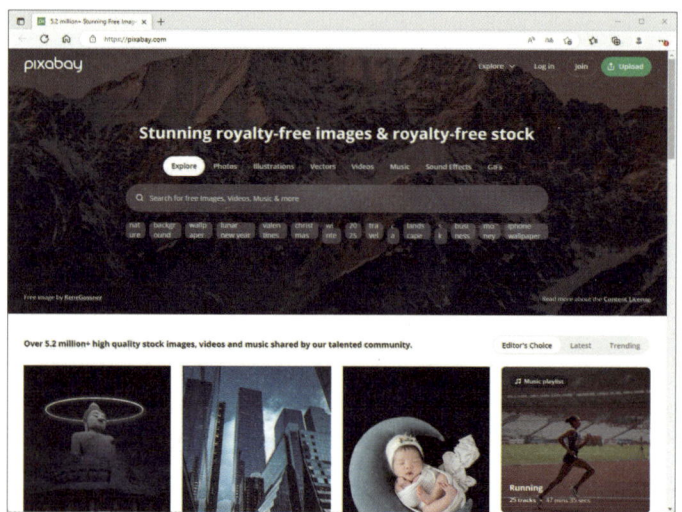

▲ 픽사베이 홈페이지 (출처: 픽사베이, pixabay.com)

❷ 펙셀

펙셀(Pexels)은 픽사베이와 마찬가지로 저작권 없는 사진과 영상을 제공하는 사이트입니다. 세로 사진과 영상이 많아 숏폼을 제작하기 좋습니다. 필터 기능을 사용하면 자료를 원하는 방향과 크기에 따라 찾을 수 있습니다.

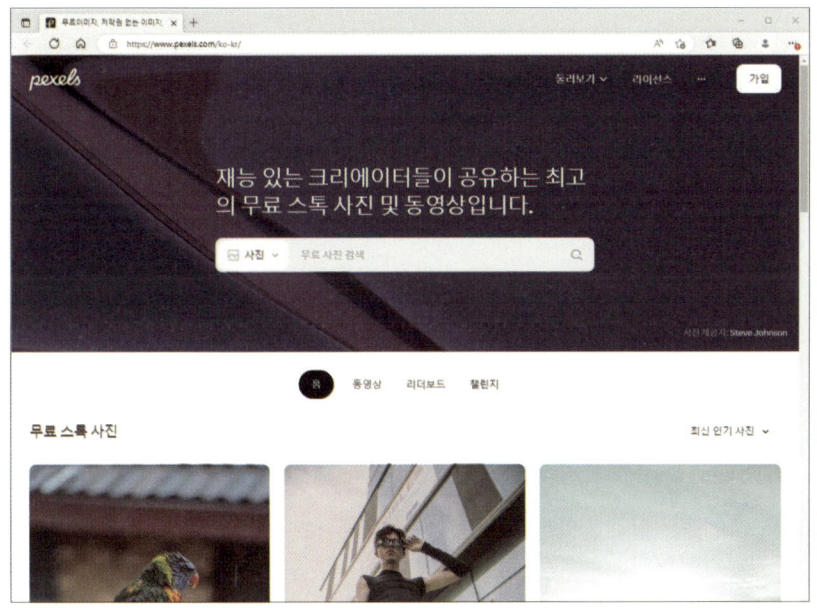

▲ 펙셀 홈페이지 (출처: 펙셀, www.pexel.com)

❸ CLEANPNG

CLEANPNG는 스티커처럼 사용할 수 있는 PNG 이미지가 제공되는 사이트입니다. 사실적인 이미지, 일러스트 이미지 등 다양한 이미지를 찾을 수 있습니다. 단, 영어로 검색해야 하는 단점이 있습니다.

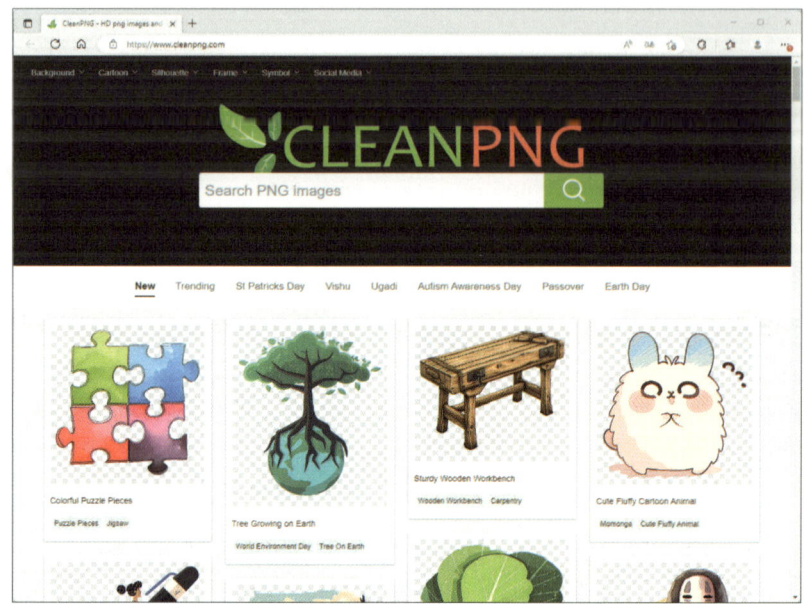

▲ CleanPNG 홈페이지 (출처: cleanpng.com)

2. 저작권 없는 음악 사이트 추천

숏폼은 플랫폼에서 저작권자에게 음원 사용료를 냈기 때문에 숏츠, 릴스, 틱톡에서 제공하는 음원을 모두 무료로 사용할 수 있습니다. 이 음원 이외에 다른 음원을 원한다면 다음 사이트를 추천합니다.

❶ 유튜브 오디오 보관함

유튜브 오디오 보관함은 따로 출처를 적지 않아도 사용할 수 있는 음악을 제공합니다. 필터링을 통해 원하는 장르, 분위기, 길이, 저작자 표시 필요 없음 등으로 음악을 찾을 수 있습니다. 유튜브 시청자라면 누구나 유튜브 스튜디오의 오디오 보관함에서 노래를 다운로드할 수 있습니다.

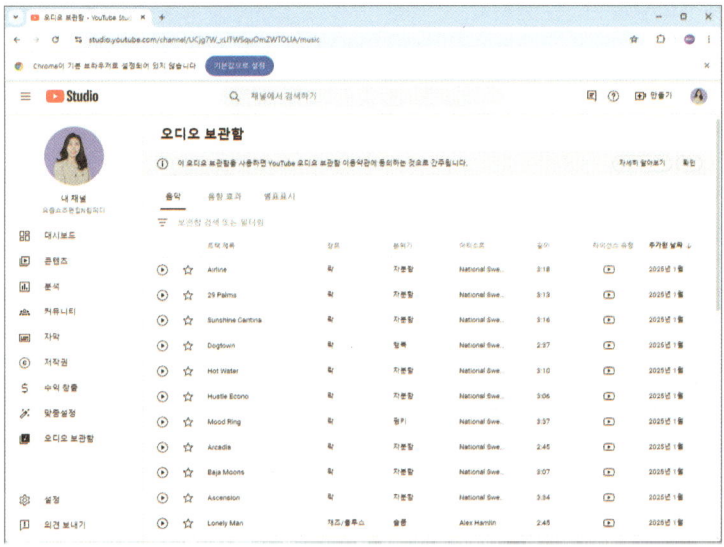

▲ 유튜브 오디오 보관함(studio.youtube.com) (출처: 유튜브)

❷ 공유마당

▲ 공유마당 홈페이지 (출처: gongu.copyright.or.kr)

공유마당은 저작권 보호 기간이 지난 저작물을 자유롭게 이용할 수 있는 사이트입니다. 실생활과 관련된 영상과 음악, 이미지를 찾을 수 있습니다. 다양한 자료가 있는 만큼 출처 표시를 확인하고 사용해야 합니다.

❸ 효과음 연구소

효과음 연구소는 일본 사이트로, 페이지 번역 기능을 사용하면 한국어로 사용할 수 있습니다. 애니메이션, 생활 관련 효과음이 가장 많은 사이트 중 하나로, 저작권 걱정 없이 무료로 이용할 수 있습니다.

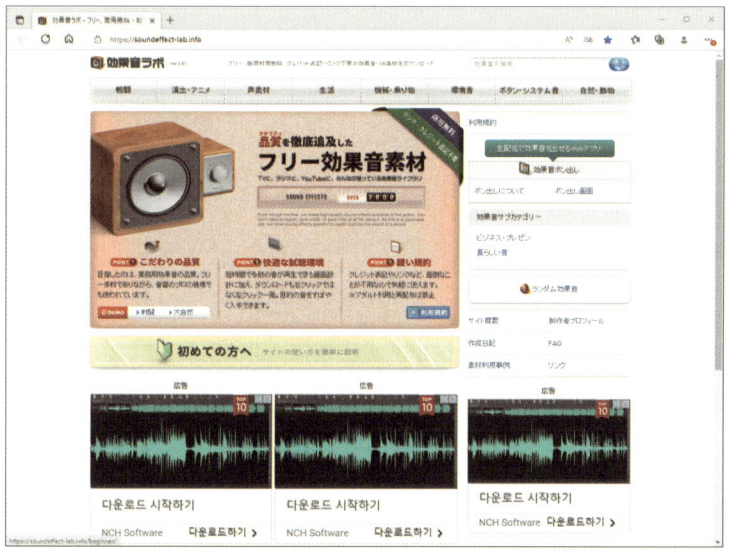

▲ 효과음 연구소 홈페이지 (출처: soundeffect-lab.info/)

❹ 에피데믹 사운드

크리에이터뿐 아니라 스튜디오에서도 사용하는 음원 사이트입니다. 10만 개 이상의 음악과 효과음을 저작권 걱정 없이 이용할 수 있습니다. 단, 유료 가입을 통해 사용할 수 있으므로 일주일 무료 체험판을 사용해 본 후 결정하길 바랍니다.

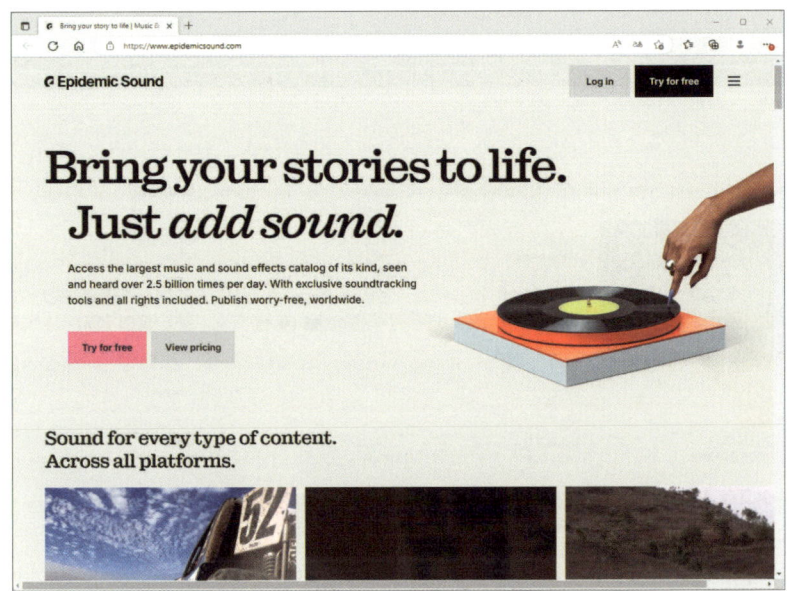

▲ 에피데믹 사운드 홈페이지 (출처: www. epidemicsound.com)

3. 저작권 없는 폰트 사이트 추천

온라인에서는 폰트를 손쉽게 다운로드할 수 있기 때문에 저작권을 생각하지 않고 사용합니다. 그런데 저작권 지식이 없는 사람들은 개인용 폰트를 상업용으로 사용한다거나 유료 폰트를 마음대로 사용해 과태료를 물기도 합니다. 따라서 폰트의 저작권을 꼭 확인하고 사용하길 바랍니다.

❶ 눈누

눈누는 요즘 인기 있는 폰트부터 종류에 따른 폰트까지 다양한 폰트를 제공합니다. 라이선스 요약표를 제공해 인쇄, 영상, BI/CI 등 사용 범위를 확인할 수 있는 장점이 있습니다.

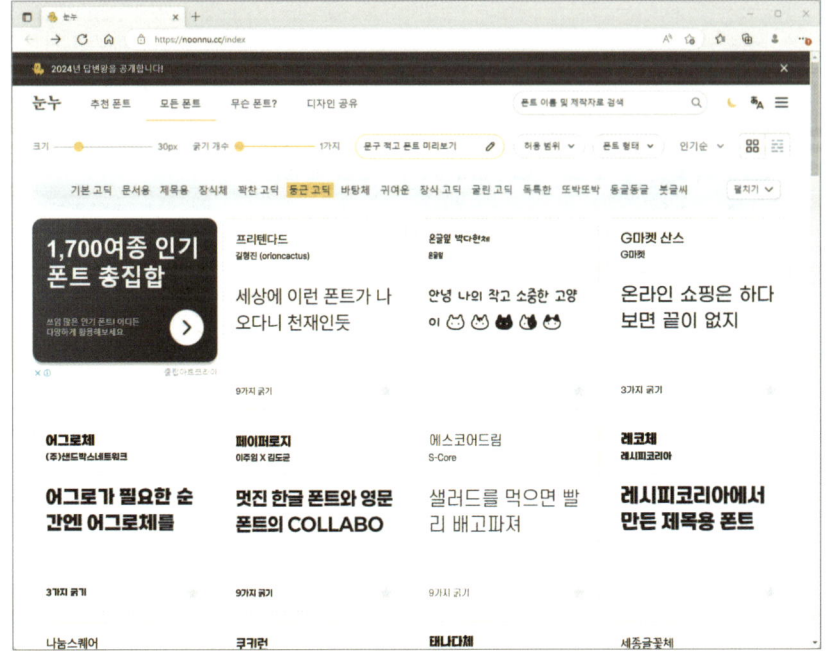

▲ 눈누 홈페이지 (출처: noonnu.cc)

❷ 산돌 구름

산돌 구름은 무료와 유료 폰트를 모두 확인할 수 있습니다. 또 한국어뿐 아니라 영어와 중국어 폰트도 제공합니다. 무료 폰트를 사용하기 위해서는 무료 폰트 카테고리에서 '자유 사용' 폰트를 사용해야 합니다.

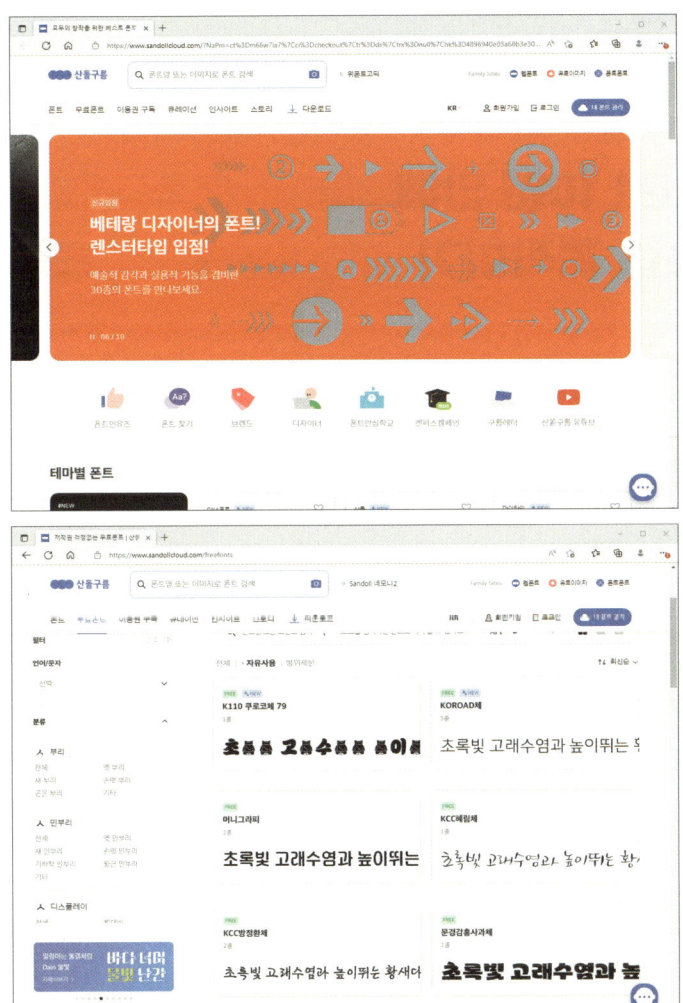

▲ 산돌구름 홈페이지 (출처: www.sandolcloud.com)

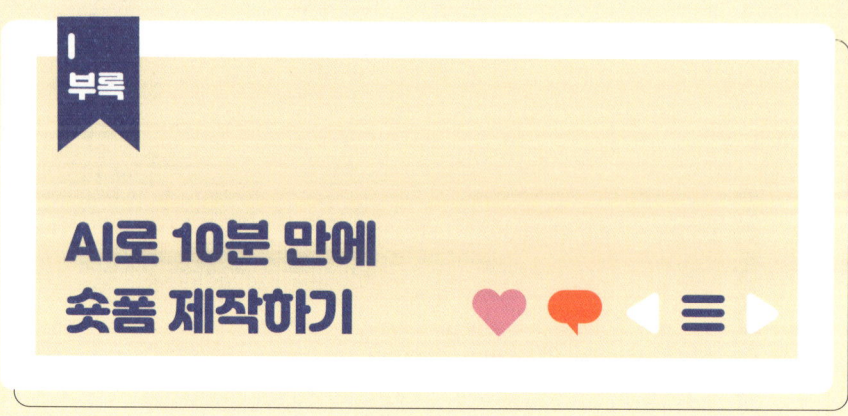

AI로 10분 만에 숏폼 제작하기

AI를 활용하면 5시간 동안 할 일을 10분 만에 할 수 있습니다. 이번에는 AI 도구인 '뤼튼'과 '브루'를 활용해 10분 만에 숏폼 콘텐츠를 제작하는 방법을 자세히 알아보겠습니다.

● 1 ● 숏폼 기획을 도와주는 AI, 뤼튼

뤼튼은 한국의 문화와 맥락을 잘 이해해 한국인에게 적합한 글을 작성한다는 강점이 있습니다. 또 챗GPT(ChatGPT)의 유료 기능 중 일부를 무료로 이용할 수 있어 유용합니다.

1. 뤼튼 시작하기

뤼튼에 처음 접속하면 오른쪽 상단에 로그인 정보를 입력해야 합니다. 자주 사용하는 이메일로 뤼튼 회원 가입을 진행해 주세요.

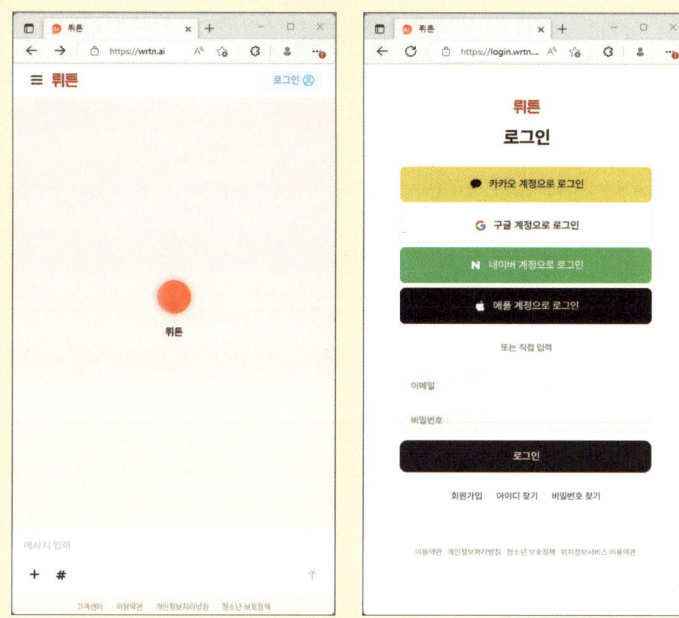

▲ 뤼튼 첫 화면/로그인 화면 (출처: wrtn.ai)

2. 뤼튼으로 숏폼 콘텐츠 기획하기

❶ 콘텐츠 제목 만들기

　콘텐츠 제목은 타깃이 궁금해하는 정보와 핵심 메시지, 카피 문구를 조합해 만듭니다. 각각을 따로 질문할 수도 있지만 시간을 절약하기 위해 모두 포함한 질문을 사용합니다. 이때는 역할, 질문 목적, 형태를 고려해야 합니다.

　콘텐츠 제목을 잘 만들 수 있는 사람은 '카피라이터'입니다. 질문의 목적은 시선을 집중시키는 숏폼 제목을 만드는 것입니다. 원하는 형태는 나의 타깃이 원하는 정보를 카피라이팅 기법으로 만들어진 여러 개의 숏폼 제목입니다. 이를 질문으로 정리하면 다음과 같습니다.

'최고의 숏폼 카피라이터로서 사람들의 시선을 집중시키는 숏폼 제목을 만들기 위해 (타깃)의 (주제) 고민 ○개와 그에 맞는 숏폼 제목을 만들어 줘.'

예를 들어 주제는 '뷰티'이고 타깃은 '50대 여성'이라면 질문은 다음과 같이 구성됩니다.

'최고의 카피라이터로서 사람들의 시선을 집중시키는 숏폼 제목을 만들기 위해 50대 여성의 뷰티 고민 10개와 그에 맞는 숏폼 제목을 만들어 줘.'

이 질문을 뤼튼에 입력하면 다음과 같은 답변을 얻을 수 있습니다.

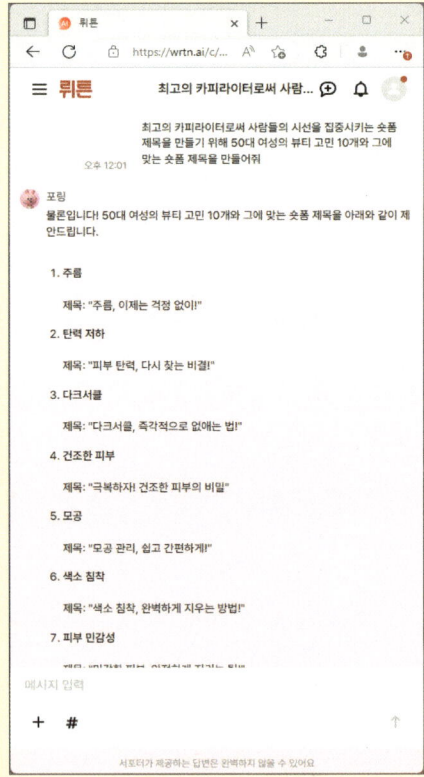

▲ 콘텐츠 제목 질문하기 예시 (출처: wrtn.ai)

❷ 숏폼 대본 만들기

답변으로 나온 콘텐츠 제목 중 하나를 선택해 숏폼 대본을 만듭니다. 정보성 숏폼 대본은 후킹 메시지, 정보, 공감대 문구, 콜 투 액션의 순서대로 이뤄집니다. 이 순서를 고려해 질문을 생각해 봅니다.

숏폼 대본을 잘 만들 수 있는 사람은 어떤 콘텐츠가 인기 있는지와 시청자가 무엇을 좋아하는지를 아는 트렌드에 민감한 숏폼 크리에이터입니다. 숏폼 대본을 만드는 목적은 시청자가 끝까지 이 영상을 보도록 하기 위한 것입니다. 원하는 형태는 ○초 이내로 만들 수 있는 숏폼 대본입니다. 이것을 질문으로 정리하면 다음과 같습니다.

'트렌드에 민감한 숏폼 크리에이터로서 [제목]으로 시청자가 끝까지 보게 만들 수 있는 숏폼을 만들기 위해 [후킹 메시지–정보–공감대 문구–콜 투 액션]의 순서대로 ○초 이내의 숏폼 대본을 작성해 줘.'

50대 여성의 뷰티 고민에 대한 콘텐츠 제목 10개 중 '주름 이제 걱정 마'를 사용해 숏폼 대본을 만들면 다음과 같이 구성됩니다.

'트렌드에 민감한 숏폼 크리에이터로서 '주름 이제 걱정 마'라는 제목으로 시청자가 끝까지 볼 수 있는 숏폼을 만들기 위해 [후킹 메시지–정보–공감대 문구–콜 투 액션]의 순서대로 15초 이내의 숏폼 대본을 작성해 줘.'

이 질문을 뤼튼에 입력하면 다음과 같은 답변을 얻을 수 있습니다.

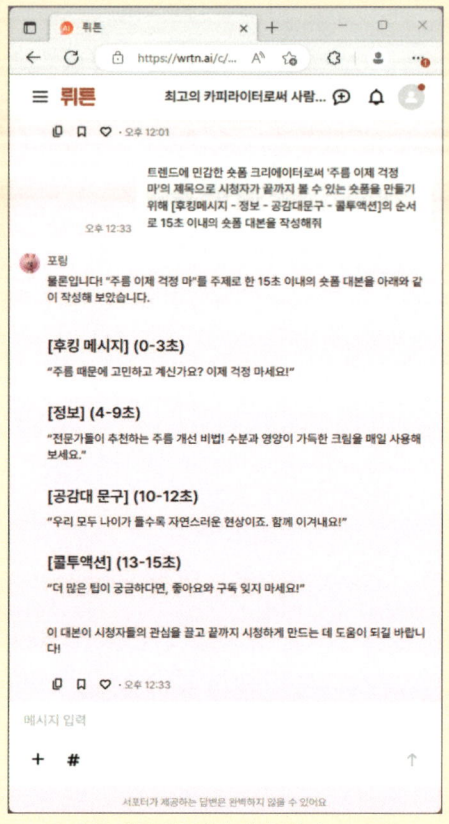

▲ 숏폼 대본 질문하기 예시 (출처: wrtn.ai)

답변의 내용이 너무 짧다면 좀 더 자세하게 적어달라고 요청할 수 있습니다. 또 부캐 캐릭터 콘셉트를 사용하면 대본을 더욱 풍성하게 만들 수 있습니다. 질문 형식은 다음과 같이 구성할 수 있습니다.

'정확한 제품명과 사용법을 넣어서 정보를 자세하게 적어 숏폼 대본을 사투리 말투로 만들어 줘.'

이렇게 질문하면 뤼튼은 다음처럼 풍부하고 구체적인 대본을 제공합니다.

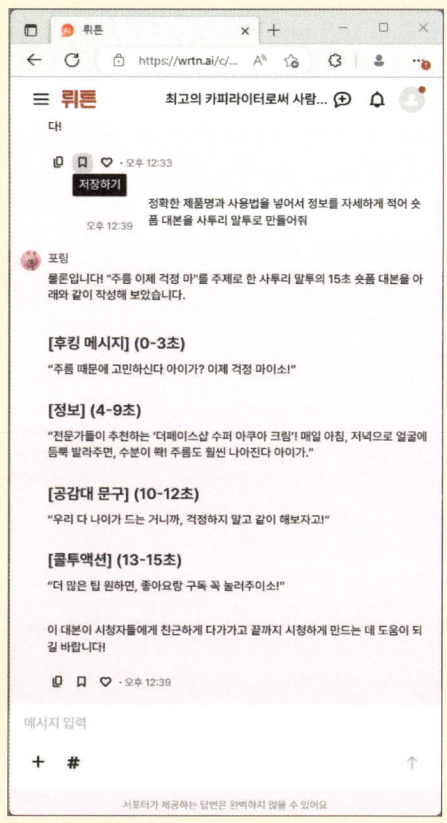

▲ 콘텐츠 제목 질문하기 예시 (출처: wrtn.ai)

❸ 스토리보드 완성하기

　마음에 드는 대본이 나왔다면 이제 스토리보드를 만들 차례입니다. 스토리보드에는 장면에 맞는 촬영 구도, 대본, 음악, 편집 효과, 시간 등이 포함돼야 합니다. 이를 바탕으로 질문을 만들면 다음과 같습니다.

　'이 대본을 장면에 따라 상세한 촬영 구도와 어울리는 음악, 효과음, 시간을 넣어서 스토리보드의 표 형식으로 만들어 줘.'

이 질문을 뤼튼에 입력하면 다음과 같은 답변을 얻을 수 있습니다.

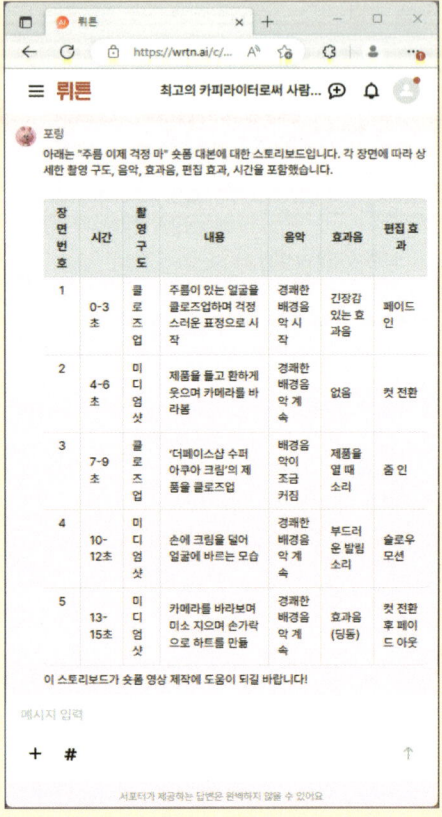

▲ 콘텐츠 제목 질문하기 예시 (출처: wrtn.ai)

　질문 몇 개로 촬영과 편집을 도와줄 스토리보드가 완성됐습니다. 이 스토리보드로 바로 영상을 촬영해도 좋지만, 숏폼은 제작자의 의도가 반영돼야 좀 더 좋은 창작물을 만들 수 있습니다. 따라서 스토리보드를 참고해 내가 만들고 싶은 숏폼에 맞게 수정해 사용하는 것을 추천합니다.

● 2 ● 숏폼 제작을 도와주는 AI, 브루

브루(Vrew)는 숏폼 영상 제작에 필요한 자막을 자동으로 생성하며 제목 입력만으로 대본 생성과 AI 목소리, 영상 편집을 한 번에 할 수 있는 프로그램입니다.

1. 브루 시작하기

브루의 PC 버전을 사용하려면 공식 사이트(https://vrew.ai/ko/)에 접속해 프로그램을 다운로드합니다. 설치 후 회원 가입을 하면 바로 사용할 수 있습니다. 한 달 동안 120분의 음성 분석, 1만 자의 AI 목소리 등을 무료로 제공받을 수 있습니다. 추가 비용을 지불하면 더 많은 기능을 사용할 수 있습니다.

▲ 브루 요금제 (출처: 브루)

2. 숏폼 영상 만들기

❶ 첫 화면의 왼쪽 위에 있는 [새로 만들기]를 클릭합니다.

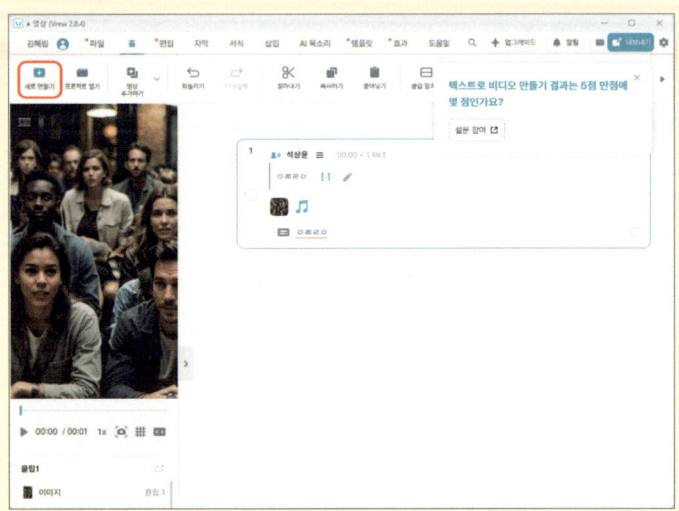

❷ 숏폼 대본을 사용해 영상을 제작하는 [텍스트로 비디오 만들기]를 클릭합니다.

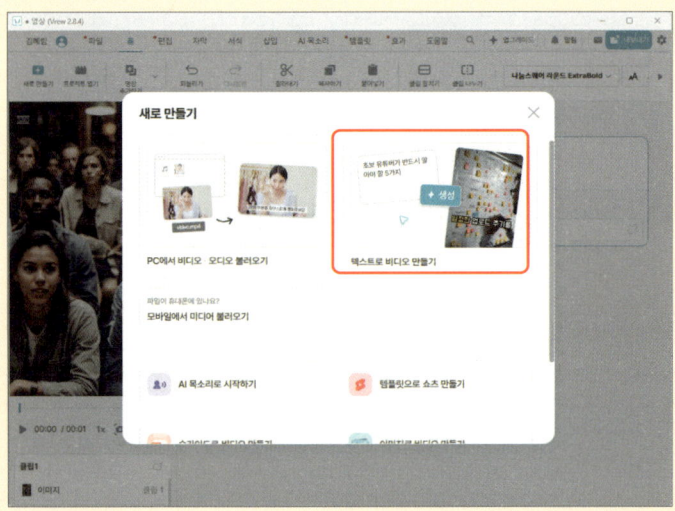

❸ 숏폼에 맞게 비율은 '숏츠 9:16', 자막 길이는 '짧게', 자막 위치는 '위', '자동 애니메이션'으로 설정한 후 [다음] 버튼을 클릭합니다.

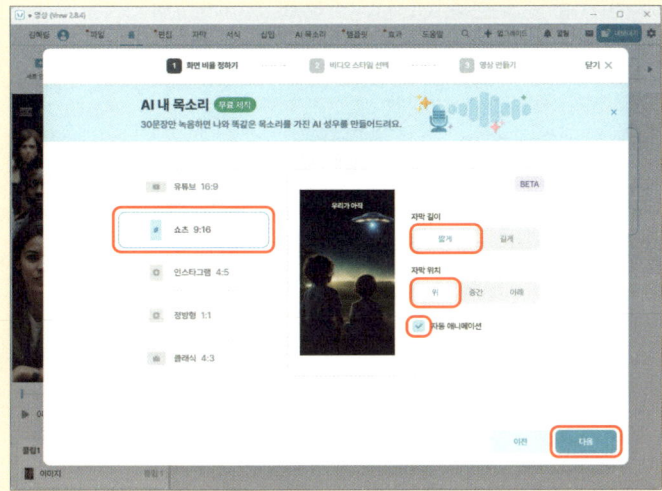

❹ [스타일 없이 시작하기]를 선택한 후 [다음] 버튼을 클릭합니다.

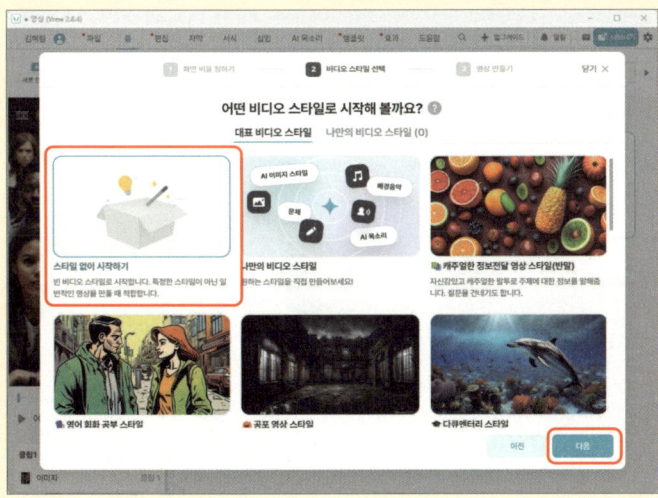

❺ 주제란에는 영상의 제목을, 대본란에는 대본 전체 내용을 입력합니다. 예를 들어 앞서 만든 대본을 활용할 경우, 주제에는 '주름 걱정 마'를 입력하고 대본란에는 글자의 문장 부호를 제외한 내용을 입력합니다.

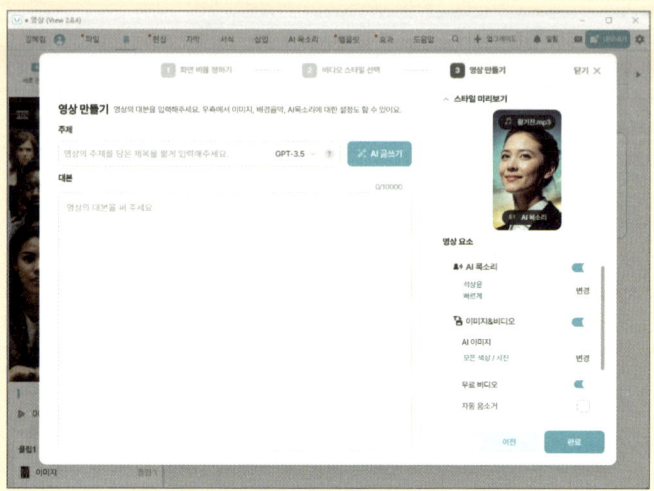

❻ 오른쪽에서는 영상 요소를 설정합니다. 영상 요소는 AI 목소리와 이미지비디오, 배경 음악의 분위기를 선택할 수 있습니다. 영상 요소는 이 화면 뒤에도 바꿀 수 있습니다. 설정이 끝났다면 [완료] 버튼을 클릭합니다.

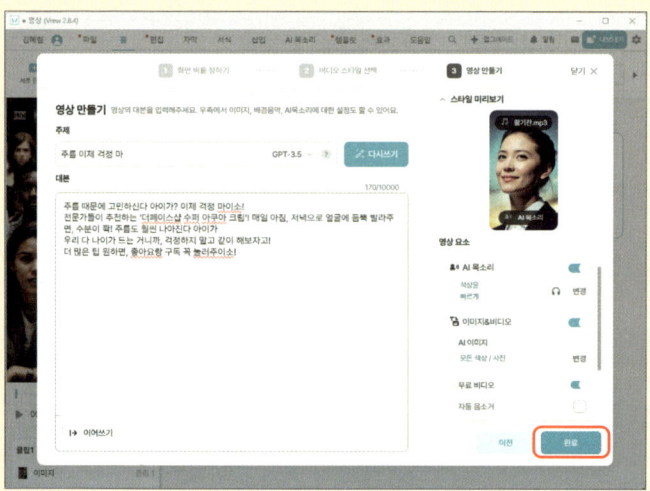

❼ [완료] 버튼을 클릭합니다.

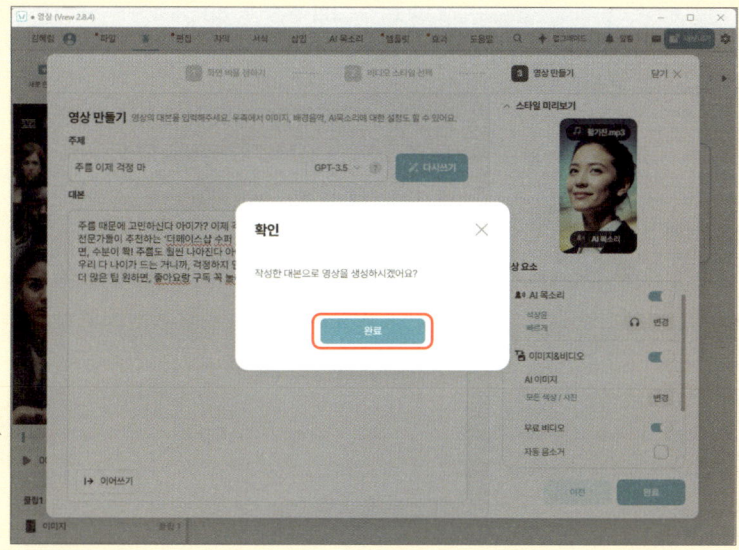

3. 자막 수정하기

❶ 화면의 위쪽 메뉴에서 [서식]을 클릭합니다.

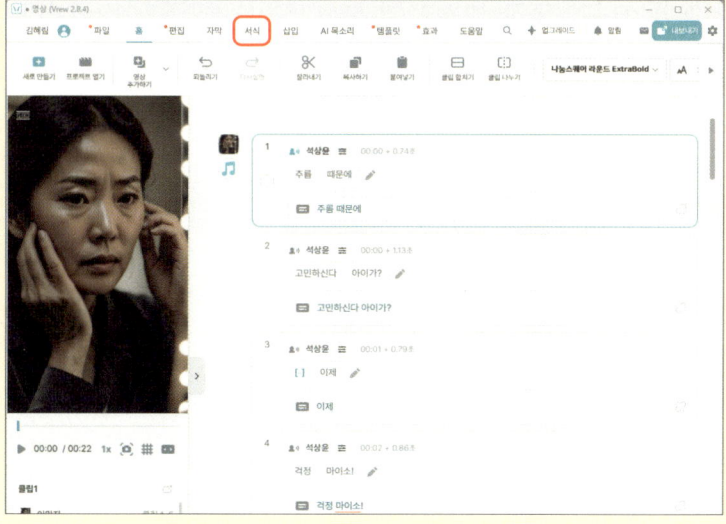

❷ 기본 서식에서 글씨체, 배경, 그림자 등을 변경할 수 있습니다. 자막의 가독성을 높이기 위해 고딕체로 변경하고 배경을 선택합니다.(PART 4의 '04 가독성을 높이는 자막 넣기'를 참고하세요.)

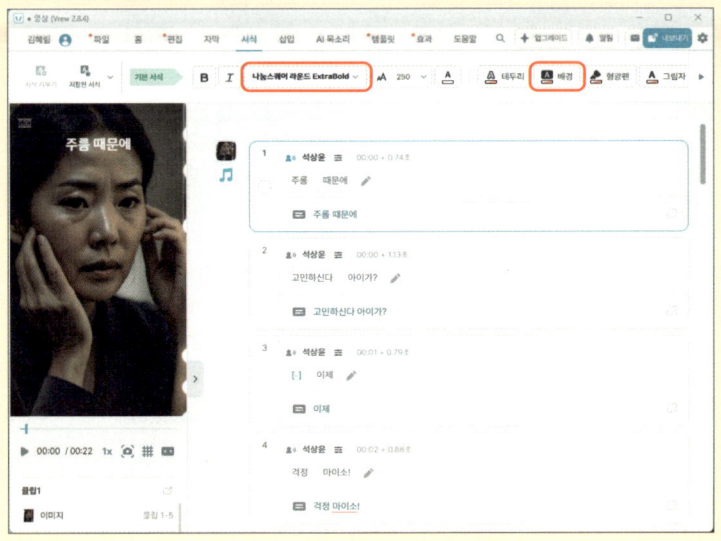

❸ 시청자가 하나의 장면을 보고 자막의 내용이 이해될 수 있도록 수정합니다. 오른쪽 화면을 자세히 보면 같은 글자가 두 번 나타납니다. 위쪽 글자는 영상에서 한 장면당 영상의 길이이고 아래쪽 글자는 화면에서 보이는 자막입니다. 여러 개의 장면을 하나로 합치거나 각각 나누고 싶다면 위쪽 글자를 수정해야 하고 화면에 보이는 자막의 내용을 변경하고 싶다면 아래쪽 글자를 수정해야 합니다.

수정하는 방법은 한글 또는 엑셀과 동일합니다. 지우고 싶은 글자가 있다면 해당 영역을 선택한 후 Delete 를 누르거나 지우고 싶은 글자 뒤에서 Back Space 를 누르면 됩니다. 나누어져 있는 글을 합치고 싶으면 합쳐질 때까지 Back Space 를 누르고 글을 나누고 싶으면 Enter↲ 를 누르면 됩니다.

> **알아 두기**
>
> 자동 생성되는 자막은 글자 수에 따라 나뉘어져 하나의 화면만 보고 내용이 잘 이해되지 않을 수 있습니다.

4. AI 이미지 교체하기

❶ 교체하고 싶은 AI 이미지를 클릭한 후 [교체]를 클릭합니다.

❷ '이미지 묘사'란에 원하는 이미지를 묘사한 글을 적은 후 [이미지 1장 생성]을 클릭합니다.

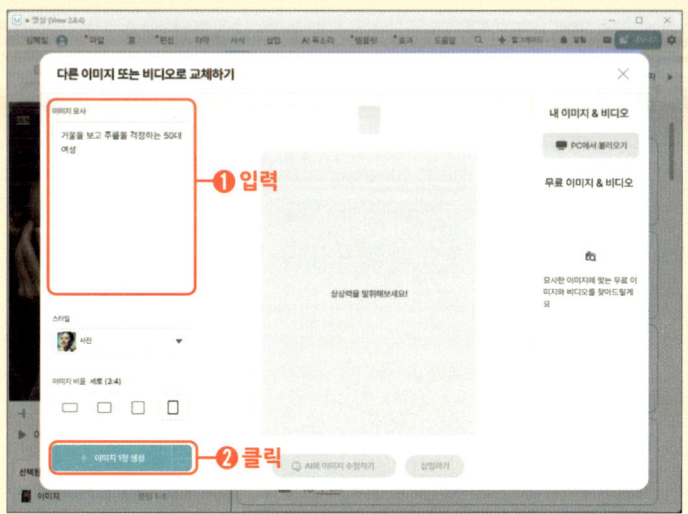

❸ 생성된 AI 이미지가 마음에 들지 않는다면 다시 글을 적은 후 [이미지 1장 생성]을 클릭합니다. 생성된 이미지를 수정하고 싶으면 [AI와 이미지 수정하기]를 클릭하고 최종 결과물이 마음에 든다면 [삽입하기]를 클릭합니다.

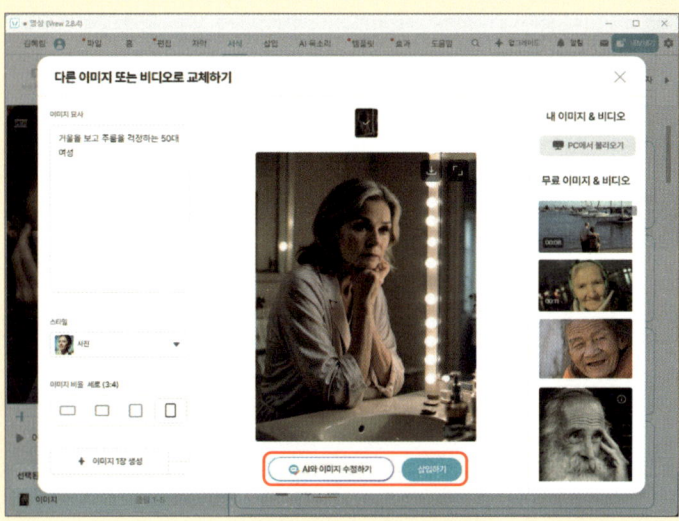

❹ 변경된 AI 이미지가 화면에 들어간 것을 확인합니다.

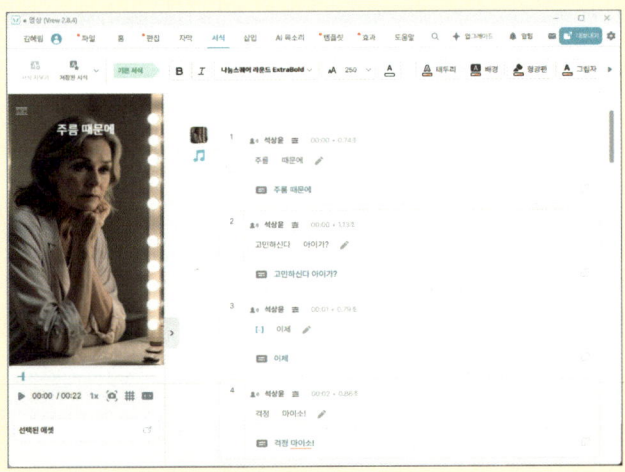

5. AI 이미지 추가하기

❶ AI 이미지를 추가하고 싶은 클립을 선택합니다. 마우스로 하나씩 클릭해 선택해도 되고 드래그로 선택해도 됩니다.

❷ 선택한 클립 위에 마우스 커서를 올려 놓은 후 마우스 오른쪽 버튼을 클릭합니다.

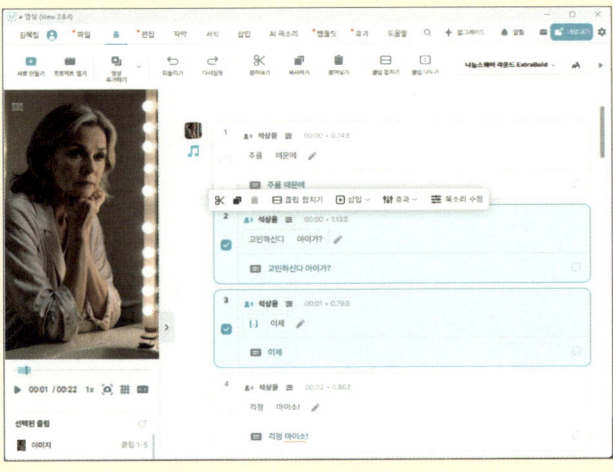

❸ [AI 이미지 자동 삽입]을 클릭합니다.

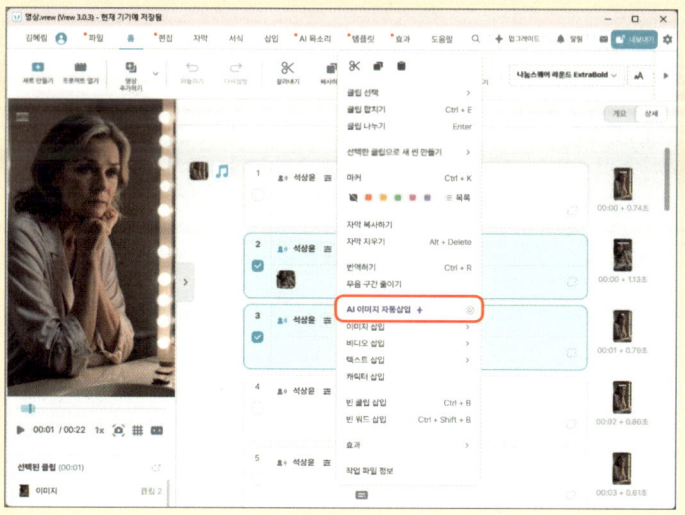

> **알아 두기**
>
> 브루에서는 하나의 사진이나 영상을 짧게는 2초, 길게는 6초 정도 사용합니다. 시청자는
> 같은 사진이나 영상이 2초 이상 나오면 집중력이 떨어집니다. 이를 참고하여 수정하세요.

6. PC에 숏폼 저장하기

❶ 수정이 끝났다면 오른쪽 위에 있는 [내보내기]를 클릭한 후 영상 파일을 클릭합니다.

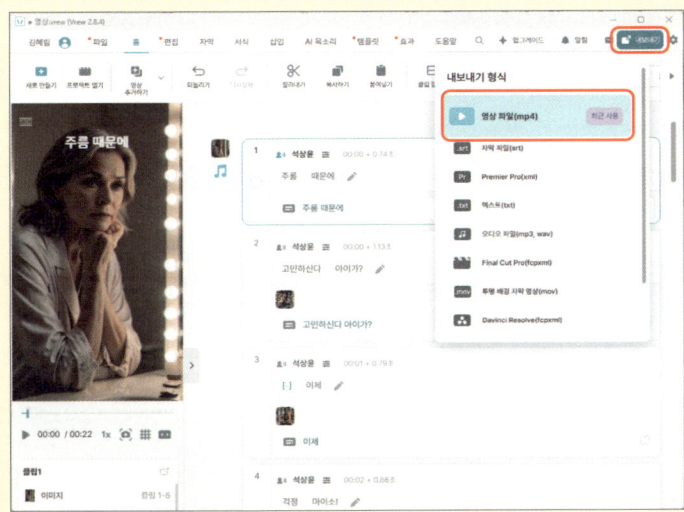

❷ [FHD 해상도, 고화질]을 선택한 후 [내보내기]를 클릭합니다.

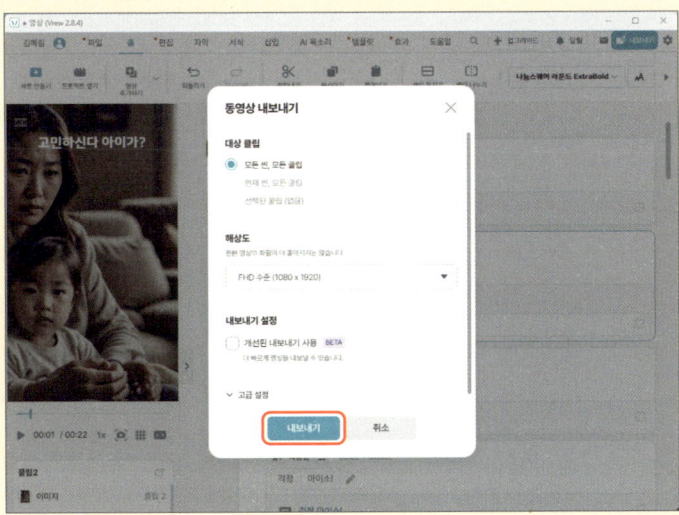

❸ 저장하길 원하는 폴더의 위치와 파일 이름을 설정한 후 [저장]을 클릭합
니다.

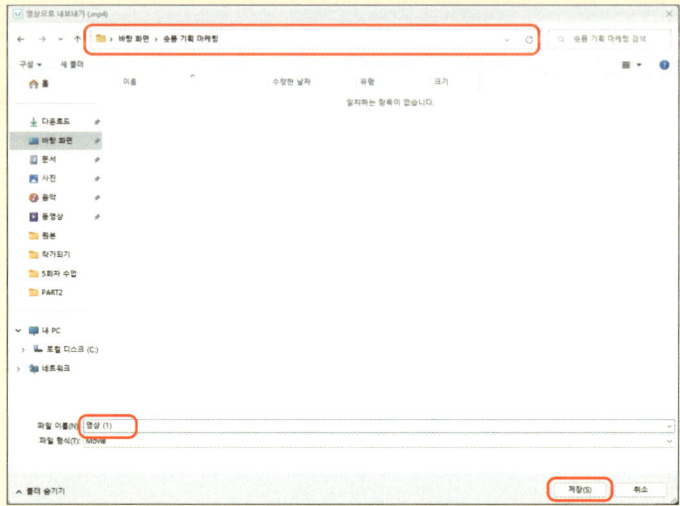

브루를 이용해 숏폼 영상을 완성했습니다. 그러나 아직 AI가 사람이 직접
촬영한 것처럼 자연스럽게 구현하지 못하기 때문에 어색한 부분이 존재합니
다. 이 부분은 앞으로 점차 개선될 것으로 기대합니다.